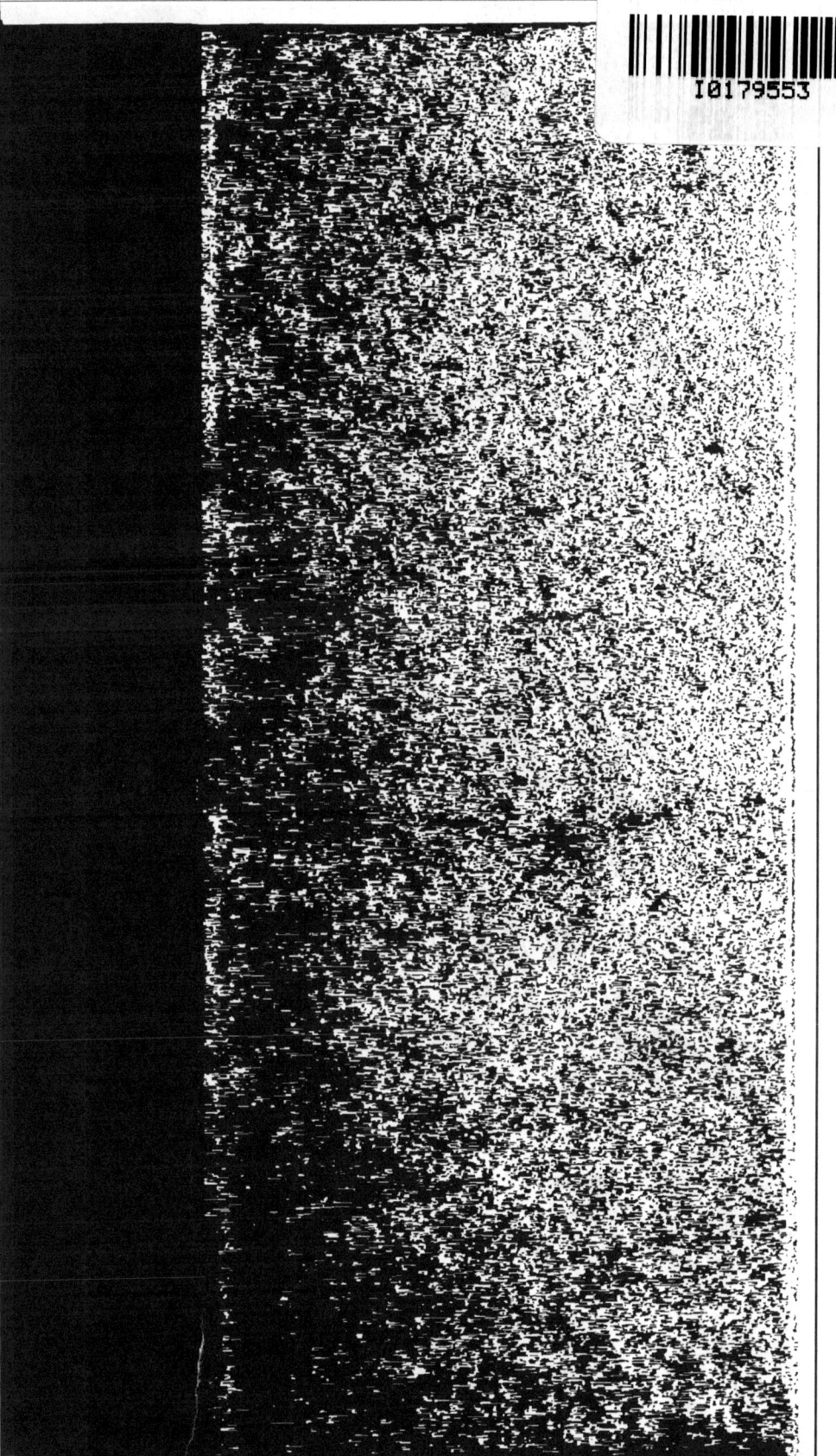

ROBERT 1970

LETTRES

A SON

ALTESSE

MONSEIGNEUR

LE PRINCE DE ****

Sur Rabelais & sur d'autres auteurs, accusés d'avoir mal parlé de la Religion Chrétienne.

A LONDRES,
M DCC LXVIII.

CATALOGUE
RAISONNÉ
DES
ESPRITS FORTS,
DEPUIS LE CURÉ RABELAIS,
JUSQU'AU CURÉ
JEAN MESLIER.

Dressé par M. P. V. Professeur en Théologie.

A BERLIN,

Chez I. PAULI

M DCC LXVIII.

TABLE

Des Piéces contenues dans ce Volume.

PREMIÉRE LETTRE. *Sur Rabelais.* Pag. 1
SECONDE LETTRE. *Sur les Prédéces-
    seurs de Rabelais en Allemagne, &
    en Italie, & d'abord du Livre inti-
    tulé :* Litteræ virorum obscurorum. 12
Des anciennes facéties Italiennes. . 15
TROISIÉME LETTRE. *Sur Vanini.* 21
QUATRIEME LETTRE. *Des Auteurs
    Anglais qui ont eu le malheur d'é-
    crire contre la Religion ; & particu-
    liérement de Warburton.* . 29
De Toland. 30
De Loke. 31
De l'Evêque Tailor & de Tindal. . 33
De Collins. . . . ibid.
De Wolston. 34
De Warburton. . . . 36
De Bolingbroke. . . . 38
De Thomas Chubb. . . 40
CINQUIÉME LETTRE. *Sur Swift.* . 42
SIXIÉME LETTRE. *Des Allemands.* 46
SEPTIEME LETTRE. *Sur les Français.*
De Bonaventure Des Périers. . . 52

TABLE DES PIÉCES &c.

De Théophile.	Pag. 55
Des Barreaux.	58
De la Motthe le Vayer.	60
De St. Evremont.	61
De Fontenelle.	62
De l'Abbé de St. Pierre.	64
De Bayle.	ibid.
De Barbeirac.	67
De Mademoiselle Hubert.	69
De Fréret.	72
De Boulanger.	77
De Montesquieu.	78
De La Métrie.	79
Du Curé Meslier.	80
HUITIÉME LETTRE. Sur l'Enciclopedie.	84
NEUVIÉME LETTRE. Sur les Juifs.	88
D'Orobio.	95
D'Uriel Acosta.	100
DIXIÉME LETTRE. Sur Spinosa.	101
PROJET SECRET.	109

PRE-

PREMIERE LETTRE.

Sur Rabelais.

MONSEIGNEUR,

PUIS que Votre Alteſſe veut connaître à fond Rabelais, je commencerai par vous dire, que ſa vie, qui eſt imprimée au commencement de ſon Gargantua, eſt auſſi fauſſe & auſſi abſurde que l'Hiſtoire de Gargantua même; on y trouve que le Cardinal du Belley l'ayant mené à Rome, & ce Cardinal ayant baiſé le pié droit du Pape, & enſuite la bouche, Rabelais dit, qu'il lui voulait baiſer le derriére, & qu'il fallait que le St. Pére commençât par le laver. Il y a des choſes que le reſpect du lieu, de la bienſéance & de ſa perſonne rend impoſſibles. Cette hiſtoriette ne peut avoir été imaginée que par des gens de la lie du Peuple dans un Cabaret.

A

Sa prétenduë Réquête au Pape est du même genre : On suppose qu'il pria le Pape de l'excommunier, afin qu'il ne fût pas brûlé ; parce que, disait-il, son Hôtesse ayant voulu faire bruler un fagot & n'en pouvant venir à bout, avait dit que ce fagot était excommunié de la gueule du Pape.

L'avanture qu'on lui suppose à Lyon est aussi fausse & aussi peu vraisemblable : on prétend que n'ayant ni de quoi payer son auberge, ni de quoi faire le voyage de Paris, il fit écrire par le fils de l'Hôtesse ces étiquettes sur des petits sachets : *Poison pour faire mourir le Roi, poison pour faire mourir la Reine*, &c. Il usa, dit-on, de ce stratagême pour être conduit & nourri jusqu'à Paris, sans qu'il lui en coutât rien, & pour faire rire le Roi : on ajoute que c'était dans le tems même que le Roi & toute la France pleuraient le Dauphin *François* en 1536. qu'on avait crû empoisonné, & lorsqu'on venait d'écarteler Montécuculi soupçonné de cet empoisonnement. Les Auteurs de cette platte historiette n'ont pas fait réflexion que sur une demi-preuve aussi terrible, on aurait jetté Rabelais dans un cachot, qu'il aurait été chargé de fers, qu'il aurait subi probablement la question ordinaire & extraordinaire, & que dans des circonstances aussi funestes, & dans une accusation aussi grave, une mauvaise plaisanterie n'aurait pas servi à sa justification.

Presque toutes les Vies des Hommes célébres ont été défigurées par des contes, qui ne méritent pas plus de croyance.

Son livre à la vérité est un ramas des plus impertinentes & des plus grossiéres ordures qu'un Moine yvre puisse vomir; mais aussi il faut avoüer que c'est une Satyre très-curieuse du Pape, de l'Eglise, & de tous les événemens de son tems. Il voulut se mettre à couvert sous le masque de la folie; il le fait assez entendre lui-même dans son prologue : *Posez le cas*, dit-il, *qu'au sens littéral vous trouvez matières assez joyeuses & bien correspondantes au nom, toutefois pas demeurer là ne faut, comme au chant des Sirénes, ains à plus haut sens interpréter ce que par avanture cuidiez dit en gayeté de cœur. Veites vous oncques chien, rencontrant quelque os médullaire? c'est comme dit Platon Lib. 2. de Rep. la bête du monde plus philosophe, si vous l'avez, vous avez pû noter de quelle dévotion il le guétte, de quel soing il le garde, de quelle ferveur il le tient, de quelle prudence il l'entomme, de quelle affection il e brise, & de quelle diligence il le sugce. Qui 'induict à ce faire? quel est l'espoir de son 'tude? quel bien prétend-il? rien plus qu'ung eu de moüelle.*

Mais qu'arrive t il? très-peu de Lecteurs essemblérent au chien qui succe la moëlle.

On ne s'attacha qu'aux os, c'est-à-dire, aux bouffonneries abfurdes, aux obfcénités affreufes dont le Livre eft plein. Si malheureufement pour Rabelais on avait trop pénétré le fens du Livre, fi on l'avait jugé férieufement, il eft à croire qu'il lui en aurait couté la vie, comme à tous ceux, qui dans ce tems-là écrivaient contre l'Eglife Romaine.

Il eft clair que Gargantua eft François I., Louis XII. eft grand Goufier, quoiqu'il ne fût pas le pére de François, & Henri II. eft Pantagruel: l'éducation de Gargantua, & le chapitre des torches cu, font une Satyre de l'éducation qu'on donnait alors aux Princes: les couleurs blanc & bleu défignent évidemment la livrée des Rois de France.

La guerre pour une charrette de fouaffes, eft la guerre entre Charles V. & François I., qui commença pour une querelle très-légère entre la Maifon de Bouillon la Marck & celle de Chimay, & cela eft fi vrai que Rabelais appelle Merckuet le conducteur des fouaffes par qui commença la noife.

Les Moines de ce tems-là font peints très-naïvement fous le nom de Frère Jean des Entomures: Il n'eft pas poffible de méconnaître Charles Quint dans le portrait de Picrocole.

A l'égard de l'Eglife, il ne l'épargne pas. Dès le premier Livre au Chapitre 39. voici comme il s'exprime: „Que Dieu eft bon qui

„ nous donne ce bon piot ! j'advouë Dieu que
„ fi j'euffe été au temps de Jefus-Chrift,
„ j'euffe bien engardé que les Juifs l'euffent
„ prins au jardin d'Olivet. Enfemble le Diable
„ me faille fi j'euffe failli à couper les jarrêts
„ à Meffieurs les Apôtres qui fuirent tant
„ lâchement après qu'ils eurent bien foupé, &
„ laifférent leur bon Maître au befoing. Je
„ hais plus que poifon un homme qui fuit
„ quand il faut jouer des couteaux. Hon,
„ que je ne fuis Roi de France pour quatre-
„ vingt ou cent ans ! par Dieu, je vous acou-
„ trerais en chiens courtaults les fuyards de
„ Pavie.

On ne peut fe méprendre à la Généalogie de Gargantua, c'eft une parodie très fcanda-leufe de la Généalogie la plus refpectable, *de ceux-là*, dit-il, *font venus les Géants, & par eux Pantagruël; le premier fut Calbrot, qui engendra Sarabroth,*

Qui engendra Faribroth.

Qui engendra Hurtaly, qui fut beau mangeur de foupe, & qui régna du tems du déluge.

Qui engendra Happe-mouche, qui le premier inventa de fumer les langues de bœuf;

Qui engendra Fout-ânon,

Qui engendra Vit de grain,

Qui engendra Grand goufier,

Qui engendra Gargantua,

Qui engendra le noble Pentagruël mon Maître.

On ne s'eſt jamais tant moqué de tous nos Livres de Théologie que dans le Catalogue des livres que trouva Pantagruël dans la Bibliothèque de St. Victor, c'eſt *biga ſalutis, braguetta juris, pantoflla decretorum*, la couille-barine des preux, le décret de l'Univerſité de Paris, ſur la gorge des filles; l'aparition de Gertrude à une nonain en mal d'enfant, le moutardier de pénitence, *Tartareus de modo cacandi*, l'invention de Ste. Croix par les Clercs de fineſſe, le couillage des Promoteurs, la Cornemuſe des Prélats, la profiterole des Indulgences, *Utrum chimera in vacuo bombinans poſſit comedere ſecundas intentiones; quæſtio debatuta per decem hebdomadas in Concilio Conſtantienſi*; les brimborions des Céléſtins, la ratoire des Théologiens, *Chacouillonis de Magiſtro*, les aiſes de la vie Monachale, la pate notre du ſinge, les gréſillons de dévotion, le viedaſe des Abbés &c.

Lorſque Panurge demande conſeil à frère Jean des Entomures pour ſavoir s'il ſe mariera & s'il ſera cocu, Frère Jean récite ſes Litanies. Ce ne ſont pas les litanies de la Vierge, ce ſont les litanies du c. c. mignon, co. moignon, c. patté, co. laitté &c. Cette platte profanation n'eût pas été pardonnable à un Laïque: mais dans un Prêtre!

Après cela Panurge va conſulter le Théologal Hipotadée, qui lui dit qu'il ſera cocu s'il plait à Dieu. Pantagruël va dans l'ifle des Lanternois ; ces Lanternois font les ergoteurs Théologiques qui commencèrent fous le régne de Henri II. ces horribles difputes dont naquirent tant de guerres civiles.

L'Ifle de Tohu Bohu, c'eſt-à dire de la confufion, eſt l'Angleterre, qui changea quatre fois de Religion depuis Henry VIII.

On fait affez que l'ifle de Papefiguière défigne les Hérétiques. On connait les Papimanes ; ils donnent le nom de Dieu au Pape. On demande à Panurge s'il eſt affez heureux pour avoir vû le St. Père, Panurge répond qu'il en a vû trois, & qu'il n'y a guères profité. La Loi de Moïfe eſt comparée a celle de Cibèle, de Diane, de Numa ; les Décrétales font appellées Décrotoires. Panurge affure que s'étant torché le cul avec un feuiller des Décrétales appellées Clémentines, il en eut des hémorroïdes longues d'un demi-pied.

On fe moque des baffes Meffes qu'on appelle Meffes féches, & Panurge dit qu'il en voudrait une mouillée, pourvu que ce fût de bon vin. La Confeffion y eſt tournée en ridicule. Pantagruël va confulter l'Oracle de la Dive Bouteille pour favoir s'il faut communier fous les deux efpèces & boire de bon vin après avoir mangé le pain facré. Epiſtémon s'écrie en chemin, *Vivat, fifat, pipat, bibat,* *c'eſt le fecret de l'Apocalipfe.* Frère

Jean des Entomures demande une charretée de filles pour se reconforter en cas qu'on lui refuse la Communion sous les deux espèces. On rencontre des Gastrolacs, c'est-à-dire, des possédés. Gaster invente le moyen de n'être pas blessé par le canon ; c'est une raillerie contre tous les miracles.

Avant de trouver l'Isle où est l'Oracle de la Dive Bouteille, ils abordent à l'Isle sonnante, où sont Cagots, Clergots, Monagots, Prétregots, Abbégots, Evégots, Cardingots & enfin le Papegot qui est unique dans son espèce. Les Cagots avaient conchié toute l'Isle sonante. Les Capucingots étaient les animaux les plus puants & les plus maniaques de toute l'Isle.

La fable de l'âne & du cheval, la défense faite aux ânes de baudouiner dans l'écurie, & la liberté que se donnent les ânes de baudouiner pendant le temps de la foire, sont des emblêmes assez intelligibles du célibat des Prêtres, & des débauches qu'on leur imputait.

Les Voyageurs *sont admis devant le Papegot*. Panurge veut jetter *une pierre à un Evêque* qui ronfloit à la Grand-Messe, *Maître Editue* (c'est à-dire Maître Sacristain) l'en empêche en lui disant, *Homme de bien frappe, ferris, tuë & meurtris tous Rois, Princes du monde en trahison, par venin ou autrement quand tu voudras, déniche des Cieux les Anges* ».

ges, *de tout auras pardon du Papegot: ces sacrés oiseaux ne touches.*

De l'Isle sonnante on va au Royaume de Quint-essence, où Entelléchie ; or Entelléchie c'est l'ame. Ce personnage inconnu, & dont on parle depuis qu'il y a des hommes, n'y est pas moins tourné en ridicule que le Pape ; mais les doutes sur l'existence de l'ame sont beaucoup plus enveloppés que les railleries sur la Cour de Rome.

Les Ordres mendians habitent l'isle des Frères Fredons. Ils paraissent d'abord en procession. L'un d'eux ne répond qu'en monosillabes à toutes les questions que Panurge fait sur leurs garces. Combien sont-elles ? *Vingt.* Combien en voudriez-vous ? *Cent.*

Le remuement des fesses quel est-il ? *dru.*
Que disent elles en culetant ? *mot.*
Vos instruments quels sont-ils ? *grands.*
Quantesfois de bon compte le faites vous par jour ? *Six.* Et de nuict ? *Dix.*

Enfin l'on arrive à l'Oracle de la Dive Bouteille. La coutume alors dans l'Eglise était de présenter de l'eau aux communians laïques pour faire passer l'Hostie ; & c'est encor l'usage en Allemagne. Les Réformateurs voulaient absolument du vin pour figurer le sang de Jesus Christ. L'Eglise Romaine soutenait que le sang était dans le pain aussi bien que les os & la chair. Cependant les Prêtres

Catholiques buvaient du vin & ne voulaient pas que les Séculiers en buſſent. Il y avait dans l'Iſle de l'Oracle de la Dive Bouteille une belle fontaine d'eau claire. Le Grand Pontife Bacbuc en donna à boire aux Pélerins en leur diſant ces mots : ,, Jadis ung Capitaine Juif,
,, docte & chevaleureux, conduiſant ſon peu-
,, ple par les déſerts en extrême famine, im-
,, pétra des Cieux la manne, laquelle leur
,, était de goût tel par imagination que par-
,, avant leur étaient réellement les viandes.
,, Ici de même beuvants de cette liqueur
,, mirifique ſentirez goût de tel vin comme
,, l'aurez imaginé. Or *imaginez*, & *beuvez*:
,, ce que nous feimes, puis s'écria Panurge,
,, diſant; Par Dieu, c'eſt ici vin de Baune,
,, meilleur que oncques jamais je beu, ou je
,, me donne à nonante & ſeize Diables.

Le fameux Doyen d'Irlande Swift a copié ce trait dans ſon Conte du Tonneau, ainſi que pluſieurs autres : Milord Pierre donne à Martin & à Jean ſes freres un morceau de pain ſec pour leur diner, & veut leur faire accroire que ce pain contient de bon bœuf, des perdrix, des chapons, avec d'excellent vin de Bourgogne.

Vous remarquerez, Monſeigneur, que Rabelais dédia la partie de ſon livre qui contient cette ſanglante ſatyre de l'Egliſe Romaine, au Cardinal Odet de Chatillon, qui n'avait pas encore levé le masque, & ne s'était pas déclaré pour la Religion Protestante. Son Livre fut imprimé avec privilège ; & le privilège pour cette satyre de la Religion Catholique fut accordé en faveur des ordures, dont on faisait en ce tems-là beaucoup plus de cas que des Papegots, & des Cardingots. Jamis ce Livre n'à été défendu en France ; parce que tout y est caché sous un tas d'extravagances qui n'ont jamais laissé le loisir de démêler le véritable but de l'Auteur.

Croiriez-vous bien que le boufon qui riait si hautement de l'ancien & du nouveau Testament ait été Curé ? Comment mourut-il ? en disant, *Je vais chercher un grand peut-être.*

Le Duchat a chargé de nottes les ouvrages de Rabelais, & selon la digne coutume des Commentateurs, il n'explique presque rien de ce que le Lecteur voudrait entendre ; mais il nous apprend ce que l'on ne se soucie guères de savoir.

SECONDE LETTRE.

Sur les Prédécesseurs de Rabelais en Allemagne, & en Italie, & d'abord du Livre inutile: Litterae virorum obscurorum.

Monseigneur;

Votre Alteſſe me demande ſi avant Rabelais quelqu'un avait écrit dans ce goût; je vous répondrai que probablement ſon modèle a été le recueil des lettres des *gens obſcurs*, qui parut en Allemagne au commencement du ſeiziéme ſiècle : ce recueil eſt en Latin ; mais il eſt écrit avec autant de naïveté, & de hardieſſe que Rabelais. Voici une ancienne traduction d'un paſſage de la 28ᵉ lettre.

Il y a concordance entre les ſacrés cahiers, & les fables poëtiques, comme le pourrez notter, du ſerpent Python, occis par Apollon, comme le dit le Pſalmiſte. *Ce Dragon qu'avez formé pour vous en gauſſer.* Saturne vieux père des Dieux qui mange ſes enfans eſt en Ezéchiel, lequel dit, *Vos pères mangeront leurs enfans.* Diane ſe pourmenant avec force Vierges eſt la Bienheureuſe Vierge Marie, ſelon le Pſalmiſte, lequel dit, *Vier-*

ges viendront après elle. Calisto déflorée par Jupiter & retournant au Ciel est en Matthieu Chap. XII. *Je reviendrai dans la maison dont je suis sortie.* Aglaura transmuée en pierre se trouve en Job ch. XLII. *son cœur s'endurcira comme pierre.* Europe engrossée par Jupiter est en Salomon; *écoute, fille, voi, & incliee ton oreille, car le Roi t'a concupiscée.* Ezéchiel a prophétisé d'Actéon qui vit la nudité de Diane; *tu étais nuë, j'ai passé par là, & je t'ai vuë.* Les Poëtes ont écrit que Bacchus est né deux fois, ce qui signifie le *Christ* né *avant les siècles & dans le siècle.* Sémélé qui nourit Bacchus est le prototype de la bienheureuse Vierge ; car il est dit en Exode, *prends cet enfant, nourri le moi & tu auras salaire.*

Ces impiétés sont encor moins voilées que celles de Rabelais.

C'est beaucoup que dans ce tems là on commençât en Allemagne à se mocquer de la magie. On trouve dans la lettre à Maître Acacius Lampirius une raillerie assez forte sur la conjuration qu'on employait pour se faire aimer des filles. Le secret consistait à prendre un cheveu de la fille : on le plaçait d'abord dans son haut de chausse : on faisait une confession générale, & l'on faisait dire trois Messes, pendant lesquelles on mettait le cheveu autour de son cou, on allumait un cierge béni au dernier Evangile, & on prononçait cette formule : *O Cierge ! je te conjure par la vertu du Dieu Tout-puissant, par les neuf Chœurs des Anges, par la vertu gosdriene, améne-moi icelle fille en chair & en os, afin que je la sakoule à mon plaisir &c.*

Le latin macaronique dans lequel ces lettres sont écrites, porte avec lui un ridicule qu'il est impossible de rendre en Français ; il y a surtout une lettre de Pierre de la Charité, messager de Grammaire à Ortoouin, dont on ne peut traduire en Français les équivoques latines : il s'agit de savoir si le Pape peut rendre phisiquement légitime un enfant bâtard : il y en a une autre de Jean de Schwinfordt maître ès arts, où l'on soutient que Jesus-Christ a été moine, St. Pierre Prieur du Convent, Judas Iscariote maître d'hôtel, & l'Apôtre Philippe portier.

Jean Schelontzigue raconte dans la lettre qui est sous son nom, qu'il avait trouvé à Florence Jacques Hoestrat (grande ruë,) cidevant Inquisiteur, Je lui fis la révérence, dit-il, en lui ôtant mon chapeau, & je lui dis, Pére, êtes-vous révérend, ou n'êtes-vous pas révérend ? il me répondit : *Je suis celui qui suis* ; je lui dis alors, Vous êtes maître Jacques de *Grande ruë* ; Sacré char d'Elie, dis-je, comment Diable êtes-vous à pied ? c'est un scandale ; *celui qui est ne doit pas se* promener avec ſes pieds en fange & en merde. Il me répondit, *ils ſont venus en chariots & ſur chevaux, mais nous venons au nom du Seigneur.* Je lui dis, par le Seigneur il eſt grande pluye, & grand froid: il leva les mains au Ciel en diſant, *Roſée du Ciel, tombez d'en-haut, & que les nuées du Ciel pleuvent le juſte.*

Il faut avouer que voilà préciſément le ſtile de Rabelais, & je ne doute pas qu'il n'ait eu ſous les yeux ces lettres des gens obſcurs lorſqu'il écrivait ſon Gargantua, & ſon Pantagruël.

Le conte de la femme qui ayant ouï dire que tous les bâtards étaient de grands hommes, alla vite ſonner à la porte des Cordeliers pour ſe faire faire un bâtard, eſt abſolument dans le goût de notre Maître François.

Les mêmes obcénités, & les mêmes ſcandales fourmillent dans ces deux ſinguliers livres.

Des anciennes facéties Italiennes.

L'Italie dès le quatorziéme ſiècle avait produit plus d'un exemple de cette licence. Voyez ſeulement dans Bocace la confeſſion de Ser Ciapelletto à l'article de la mort; ſon Confeſſeur l'interroge; il lui demande s'il n'eſt jamais tombé dans le péché d'orgueil; ah! mon Pere, dit le coquin; j'ai bien peur de m'être damné par un petit mouvement de complaiſance en moi même, en réfléchiſſant que j'ai gardé ma virginité toute ma vie. Avez-vous été gourmand ? hélas oui, mon pére, car outres les autres jours de jeûne ordonnés, j'ai toujours jeûné au pain & à l'eau trois fois par semaine ; mais j'ai mangé mon pain quelquefois avec tant d'apétit & de délice, que ma gourmandise a sans doute déplus à Dieu. Et l'avarice, mon fils ? Hélas, mon père, je suis coupable du péché d'avarice, pour avoir quelquefois fait le commerce afin de donner tout mon gain aux pauvres. Vous êtes-vous mis quelquefois en colére ? Oh tant ! quand je voiais le service divin si négligé & les pécheurs ne pas observer les commandemens de Dieu, comme je me mettais en colère !

Ensuite Ser Ciapelletto s'accuse d'avoir fait balayer sa chambre un jour de Dimanche ; le Confesseur le rassure & lui dit que Dieu lui pardonnera ; le pénitent fond en larmes, & lui dit que Dieu ne lui pardonnera jamais ; qu'il se souvient qu'à l'âge de deux ans il s'était dépité contre sa mére, que c'était un crime irrémissible ; ma pauvre mére, dit-il, qui m'a porté neuf mois dans son ventre le jour & la nuit, & qui me portait dans ses bras quand j'étais petit ! Non, Dieu ne me pardonnera jamais d'avoir été un si méchant enfant !

Enfin, cette confession étant devenue publique, on fait un Saint de Ciapelletto, qui avait été le plus grand fripon de son tems.

Le Chanoine Luigi Pulci est beaucoup plus licentieux dans son poëme du Morgante. Il commence ce poëme par tourner en ridicule les premiers versets de l'Evangile de St. Jean.

In principio era il Verbo appresso a Dio
Ed era Iddio il Verbo, e el Verbo lui,
Questo era il principio al parer mio &c.

J'ignore après tout, si c'est par naïveté, ou par impiété que le Pulci ayant mis l'Evangile à la tête de son poëme le finit par le *Salve Regina*; mais soit puérilité, soit audace, cette liberté ne serait pas soufferte aujourd'hui : on condamnerait plus encore la réponse de Morgante à Margutte : ce Margutte demande à Morgante s'il est Chrétien ou Musulman.

E se gli crede in Cristo o in Maometto.
Respose allor Margutte, per dir tel tosto.
Io non credo più al nero che al azurro;
Ma nel Cappone o lesso o voglia arrosto.
. . . .
Ma sopra tutto nel bon vino ho fede.
. . . .
Or questo son' tre virtu Cardinale!
La gola, il dado, el culo come io t'ho detto.

Une chose bien étrange c'est que presque tous les Ecrivains Italiens du XIV. XV. & XVI. siécle ont très-peu respecté cette même réligion dont leur patrie était le centre : plus ils voyaient de près les augustes cérémonies de ce culte, & les premiers Pontifes ; plus ils s'abandonnaient à une licence que la Cour de Rome femblait alors autoriser par son exemple. On pouvait leur appliquer ces vers du Paftor fido.

Il longo converfar genera noia,
E la noia il faftidio, e l'odio al fine.

Les libertés qu'ont prifes Machiavel, l'Ariofte, l'Aretin, l'Archevêque de Benevent La Cafa, Pomponace, Cardan, & tant d'autres favans, font affez connues ; les Papes n'y faifaient nulle attention, & pourvu qu'on achetat des indulgences & qu'on ne fe mêlat point du Gouvernement, il était permis de tout dire. Les Italiens alors reffemblaient aux anciens Romains qui fe moquaient impunément de leurs Dieux ; mais qui ne troublérent jamais le culte reçu.

Il n'y eut que Giordano Bruno qui ayant bravé l'Inquifiteur à Venife, & s'étant fait un ennemi irréconciliable d'un homme fi puiffant & fi dangereux, fut recherché pour fon livre *della beftia triumphante* ; on le fit périr par le fupplice du feu, fupplice inventé parmi les Chrétiens contre les hérétiques. Ce livre très rare eft pis qu'hérétique ; l'Auteur n'admet que la loi des Patriarches, la loi naturelle; il fut compofé, & imprimé à Londres chez le Lord Philippe Sidney, l'un des plus grands hommes d'Angleterre, favori de la Reine Elifabeth.

Parmi les incrédules on range communément tous les Princes & les politiques d'Italie du quatorziéme, quinziéme, & feiziéme fiécle. On prétend que fi le Pape Sixte IV. avait eû de la Réligion, il n'aurait pas trempé dans la confpiration des Pazzi, pour laquelle on pendit l'Archevêque de Florence en habits Pontificaux aux fenêtres de l'Hôtel de Ville. Les affaffins des Médicis qui exécutèrent leur paricide dans la Cathédrale au moment que le prêtre montrait l'Euchariftie au peuple, ne pouvaient, dit-on, croire à l'Euchariftie ; il parait impoffible qu'il y eût le moindre inftinct de religion dans le cœur d'un Alexandre VI, qui faifait périr par le ftilet, par la corde, ou par le poifon tous les petits Princes dont il raviffait les Etats, & qui leur accordait des indulgences *in articulo mortis* dans le tems qu'ils rendaient les derniers foupirs.

On ne tarit point fur ces affreux exemples. Hélas ! Monfeigneur, que prouvent-ils ? Que le frein d'une Réligion pure, dégagée de toutes les fuperftitions qui la deshonorent & qui peuvent la rendre incroyable, était abfolument néceffaire à ces grands criminels.

Si la Réligion avait été épurée, il y aurait eu moins d'incrédulité, & moins de forfaits. Quiconque croit fermement un Dieu rémunérateur de la vertu, & vengeur du crime, tremblera fur le point d'affaffiner un homme innocent, & le poignard lui tombera des mains; mais les Italiens alors ne connaiffant le Chriftianifme que par des légendes ridicules, par les fottifes & les fourberies des Moines, s'imaginaient qu'il n'eft aucune Réligion, parceque leur Réligion ainfi deshonorée leur paraiffait abfurde. De ce que Savonarole avait été un faux prophête, ils concluaient qu'il n'y a point de Dieu; ce qui eft un fort mauvais argument. L'abominable politique de ces tems affreux leur fit commettre mille crimes: leur philofophie non moins affreufe étouffa leurs remords; ils voulurent anéantir le Dieu qui pouvait les punir.

TROISIEME LETTRE.

Sur Vanini.

Monseigneur,

VOus me demandez des mémoires sur Vanini; je ne puis mieux faire que de ranscrire ici ce qui en est raporté dans la ixiéme edition d'un petit ouvrage composé par ne société de gens de Lettres, attribué très nal à propos à un homme célèbre (p. 41.)

Franchissons tout l'espace des temps entre a république Romaine & nous. Les Romains ien plus sages que les Grecs, n'ont jamais ersécuté aucun philosophe pour ses opinions. l n'en est pas ainsi chez les peuples barbares ui ont succédé à l'Empire Romain. Dès que 'Empéreur Fréderic II, a des querelles avec es Papes, on l'accuse d'être Athée, & d'être 'auteur du livre des trois Imposteurs, conointement avec son Chancelier de Vineis.

Nôtre grand Chancelier de l'Hôpital se déclare-t-il contre les persécutions? on l'accuse aussi-tôt d'athéïsme (*): *homo doctus, sed verus atheos.* Un Jésuite autant au desous d'Aristophane, qu'Aristophane est au des-

(*) Commentarium rerum Gallicarum. Lib. 28.

fous d'Homère; un malheureux dont le nom est devenu ridicule parmi les fanatiques mêmes, le jésuite Garasse, en un mot, trouve partout des Athéïstes : c'est ainsi qu'il nomme tous ceux contre lesquels il se déchaine. Il appelle Théodore de Béze Athéïste ; c'est lui qui a induit le public en erreur sur Vanini.

La fin malheureuse de Vanini ne nous émeut point d'indignation & de pitié comme celle de Socrate, parce que Vanini n'était qu'un pédant étranger sans mérite ; mais enfin Vanini n'était point Athée, comme on l'a prétendu, il était précisément tout le contraire.

C'était un pauvre prêtre Napolitain, prédicateur & théologien de son métier ; disputeur à outrance sur les quiddités, & sur les universaux ; & *utrum chimera bombinans in vacuo possit comedere secundas intentiones.* Mais d'ailleurs, il n'y avait veine en lui qui tendît à l'athéïsme. Sa notion de Dieu est de la théologie la plus seine, & la plus approuvée. *Dieu est son principe & sa fin, père de l'une & de l'autre, & n'ayant besoin ni de l'une ni de l'autre ; éternel sans être dans le temps ; présent partout sans être en aucun lieu. Il n'y a pour lui ni passé ni futur ; il est partout & hors de tout ; gouvernant tout & ayant tout créé ; immuable, infini sans parties ; son pouvoir est sa volonté &c.*

Vanini fe piquait de renouveller ce beau fentiment de Platon, embraffé par Averroës, que Dieu avait créé une chaine d'êtres depuis le plus petit jufqu'au plus grand, dont le dernier chainon eft attaché à fon trône éternel ; idée à la vérité plus fublime que vraie, mais qui eft auffi éloignée de l'athéïfme que l'être du néant.

Il voyagea pour faire fortune & pour difputer ; mais malheureufement la difpute eft le chemin opofé à la fortune ; on fe fait autant d'ennemis irréconciliables qu'on trouve de favants ou de pédants, contre lefquels on argumente. Il n'y eut point d'autre fource du malheur de Vanini : fa chaleur & fa groffiéreté dans la difpute lui valut la haine de quelques théologiens ; & ayant eu une querelle avec un homme Francon ou Franconi, ce Francon ami de fes ennemis, ne manqua pas de l'accufer d'être Athée enfeignant l'athéïfme.

Ce Francon, ou Franconi, aidé de quelques moins, eut la barbarie de foutenir à la confrontation, ce qu'il avait avancé. Vanini fur la fellette, interrogé fur ce qu'il penfait de l'exiftence de Dieu, répondit qu'il adorait avec l'églife un Dieu en trois perfonnes. Ayant pris à terre une paille, il fuffit de ce fétu, dit-il, pour prouver qu'il y a un Créateur. Alors il prononça un très beau difcours fur la végétation & le mouvement, & fur la néceffité d'un

Etre Suprême, fans lequel il n'y aurait ni mouvement ni végétation.

Le Préfident Grammont qui était alors à Toulouse, raporte ce difcours dans fon hiftoire de France, aujourd'hui fi oubliée ; & ce même Grammont, par un préjugé inconcevable, prétend, *que Vanini difait tout cela par vanité, ou par crainte, plutôt que par une perfuafion intérieure.*

Sur quoi peut être fondé ce jugement téméraire & atroce du Préfident Grammont ? Il eft évident que fur la réponfe de Vanini, on devait l'abfoudre de l'accufation d'Athéïfme. Mais qu'arriva-t-il ? ce malheureux prêtre étranger fe mêlait auffi de médecine ; on trouva un gros crapaud vivant qu'il confervait chez lui dans un vafe plein d'eau ; on ne manqua pas de l'accufer d'être forcier ; on foutint que ce crapaud était le Dieu qu'il adorait ; on donna un fens impie à plufieurs paffages de fes livres, ce qui eft très aifé & très commun, en prenant les objections pour les réponfes, en interprétant avec malignité quelque phrafe louche, en empoifonnant une expreffion innocente. Enfin, la faction qui l'opprimait arracha des Juges l'arrêt qui condamna ce malheureux à la mort.

Pour juftifier cette mort il falait bien accufer cet infortuné de ce qu'il y avait de plus affreux. Le minime, & très minime Merfenne e a poussé la démence jusqu'à imprimer que Vanini était parti de Naples avec douze de ses Apôtres, pour aller convertir toutes les nations à l'athéïsme. Quelle pitié ! Comment un pauvre aurait-il pu avoir douze hommes à ses gages ? Comment aurait-il pu persuader douze Napolitains de voyager à grands frais pour répandre partout cette abominable & révoltante doctrine au péril de leur vie ? Un Roi serait-il assez puissant pour payer douze prédicateurs d'athéïsme ? Personne avant le père Mersenne n'avait avancé une si énorme absurdité. Mais après lui on l'a répétée, on en a infecté les Journaux, les Dictionnaires historiques ; & le monde qui aime l'extraordinaire, a crû sans examen cette fable.

Bayle lui-même, dans ses pensées diverses, parle de Vanini comme d'un Athée : il se sert de cet exemple pour apuyer son paradoxe, *qu'une société d'Athées peut subsister;* il assure que Vanini était un homme de mœurs très réglées, & qu'il fut le martir de son opinion philosophique. Il se trompe également sur ces deux points ; le prêtre Vanini nous aprend dans ses dialogues faits à l'imitation d'Erasme, qu'il avait eû une maitresse nommée Isabelle. Il était libre dans ses écrits comme dans sa conduite, mais il n'était point Athée.

Un siècle après sa mort, le savant La Croze, & celui qui a pris le nom de Philalète, ont voulu le juſtifier ; mais comme perſonne ne s'intéreſſe à la mémoire d'un malheureux Napolitain, très mauvais Auteur, preſque perſonne ne lit ſes Apologies.

J'ajouterai à ces ſages réflexions, qu'on imprima une vie de Vanini à Londres en 1717. Elle eſt dédiée à Mylord North and Grei. C'eſt un Français réfugié ſon Chapelain qui en eſt l'auteur. C'eſt aſſez de dire pour faire connaître le perſonnage, qu'il s'apuie dans ſon hiſtoire ſur le témoignage du Jéſuite Garaſſe, le plus abſurde & le plus inſolent calomniateur, & en même temps le plus ridicule écrivain qui jamais ait été chez les Jéſuites. Voici les paroles de Garaſſe, citées par le Chapelain, & qui ſe trouvent en effet dans la doctrine curieuſe de ce Jéſuite page 144.

„ Pour Lucile Vanin, il était Napolitain,
„ homme de néant, qui avoit rodé toute l'Ita-
„ lie en chercheur de repues franches, & une
„ bonne partie de la France en qualité de pé-
„ dant. Ce méchant bélître étant venu en Gaſ-
„ cogne en 1617. faiſait état d'y ſemer avan-
„ tageuſement ſon yvroie, & faire riche moiſ-
„ ſon d'impieté, cuidant avoir trouvé des eſprits
„ ſuſceptibles de ſes propoſitions. Il ſe gliſſait
„ dans les nobleſſes effrontément pour y piquer
„ l'eſcabelle auſſi franchement que s'il eût été
„ domeſtique, & aprivoiſé de tout temps à l'hu-
„ meur du pays ; mais il rencontra des eſprits

» plus forts & résolus à la défense de la vérité
» qu'il ne s'était imaginé.

Que pouvez-vous penser, Monseigneur, d'une vie écrite sur de pareils mémoires ? Ce qui vous surprendra davantage, c'est que lors-orsque ce malheureux Vanini fut condamné, on ne lui représenta aucun de ses livres dans lesquels on a imaginé qu'était contenu le prétendu Athéïsme pour lequel il fut condamné. Tous es livres de ce pauvre Napolitain étaient des ivres de Théologie & de Philosophie, imprimés avec privilège & aprouvés par des Docteurs de a faculté de Paris. Ses Dialogues même qu'on lui reproche aujourd'hui, & qu'on ne peut guères condamner que comme un ouvrage très ennuieux, furent honorés des plus grands éloges en Français, en Latin, & même en Grec. On voit surtout parmi ces éloges ces vers d'un fameux Docteur de Paris.

Vaninus, vir mente potens sophiæque magister.
Maximus, Italiæ decus & nova gloria gentis.

Ces deux vers furent imités depuis en Français :

Honneur de l'Italie, émule de la Grèce,
Vanini fait connoître & chérir la sagesse.

Mais tous ces éloges ont été oubliés : & on se souvient seulement qu'il a été brulé vif. Il faut avouer qu'on brule quelquefois les gens un peu légérement ; témoin Jean Hus, Jerome de Prague, le Conseiller Anne Dubourg, Servet, Antoine, Urbain Grandier, la Marchale d'Ancre , Morin & Jean Calas ; témoin enfin cette foule innombrable d'infortunés que presque toutes les Sectes Chrétiennes ont fait périr tour à tour dans les flammes, horreur inconnue aux Persans, aux Turcs, aux Tartares, aux Indiens, aux Chinois, à la République Romaine, & à tous les peuples de l'antiquité ; horreur à peine abolie parmi nous, & qui fera rougir nos enfans d'être sortis d'ayeux si abominables.

QUATRIEME LETTRE.

Des Auteurs Anglais qui ont eu le malheur d'écrire contre la Religion; & particuliérement de Warburton.

Votre Altesse demande qui sont ceux qui ont eu l'audace de s'élever, non seulelement contre l'Eglise Romaine, mais contre l'Eglise Chrêtienne; le nombre en est prodigieux sur tout en Angleterre. Un des premiers est le Lord Herbert de Cherburi, mort en 1648. connu par ses traités de la religion des Laïques, & de celle des Gentils.

Hobbes ne reconut d'autre religion que celle à qui le gouvernement donnait sa sanction. Il ne voulait point deux maîtres. Le vrai Pontife est le Magistrat; cette doctrine souleva tout le clergé. On cria au scandale, à la nouveauté. Pour du scandale, c'est-à dire de ce qui fait tomber, il y en avait; mais de la nouveauté non; car en Angleterre le Roi était dès longtemps le chef de l'église. L'impératrice de Russie en est le chef dans un païs plus vaste que l'Empire Romain. Le Sénat dans la République était le chef de la religion, & tout Empereur Romain était souverain Pontife.

Le Lord Shaftersbury surpasse de bien loin

Herbert & Hobbes pour l'audace & pour le ſtile. Son mépris pour la religion Chrêtienne éclate trop ouvertement.

La religion naturelle de Voolaſton eſt écrite avec bien plus de ménagement; mais n'aiant pas les agréments de Mylord Shaftersburi, ce livre n'a été guères lu que des philoſophes.

De Toland.

Toland a porté des coups beaucoup plus violents. C'était une ame fiére & indépendante; né dans la pauvreté il pouvait s'élever à la fortune s'il avait été plus modéré. La perſécution l'irrita; il écrivit contre la religion Chrêtienne par haine & par vengeance.

Dans ſon Premier livre intitulé, *la religion chrétienne ſans myſtères*, il avait écrit lui même un peu miſtérieuſement, & ſa hardieſſe était couverte d'un voile. On le condamna, on le pourſuivit en Irlande: le voile fut bientôt déchiré. Ses origines judaïques, ſon Nazaréen, ſon Pantéiſticon furent autant de combats qu'il livra ouvertement au Chriſtianiſme. Ce qui eſt étrange, c'eſt qu'ayant été oprimé en Irlande pour le plus circonſpect de ſes ouvrages, il ne fut jamais troublé en Angleterre pour les livres les plus audacieux.

On l'accuſa d'avoir fini ſon Pantéiſticon par cette priére blaſphématoire qui ſe trouve en effet dans quelques éditions. *Omnipotens & sempiterne Bacche, qui hominum corda donis tuis recreas, concede propitius ut qui hesternis poculis ægroti facti sunt, hodiernis curentur, per pocula poculorum, Amen!*

Mais comme cette prophanation était une parodie d'une priére de l'Eglise Romaine, les Anglais n'en furent point choqués. Au reste, il est démontré que cette priére prophane n'est point de Toland ; elle avait été faite deux cent ans auparavant en France par une societé de buveurs, on la trouve dans le Carême allégorisé imprimé en 1563. Ce fou de Jésuite Garasse en parle dans sa doctrine curieuse livre 2, page 201.

Toland mourut avec un grand courage en 1721. Ses derniéres paroles furent, *je vais dormir*. Il y a encor quelques piéces de vers à l'honneur de sa mémoire ; ils ne sont pas faits par des prêtres de l'église Anglicane.

De Loke

C'est à tort qu'on a compté le grand philosophe Loke parmi les ennemis de la religion chrêtienne. Il est vrai que son livre *du christianisme raisonnable* s'écarte assez de la foi ordinaire, mais la religion des primitifs appellés Trembleurs, qui fait une si grande figure en Pensilvanie, est encor plus éloignée du christianifme ordinaire; & cependant ils font réputés chrêtiens.

On lui a imputé de ne point croire l'immortalité de l'ame, parce qu'il était perfuadé que Dieu le maître abfolu de tout, pouvait donner (s'il voulait) le fentiment & la penfée à la matière. Mr. de Voltaire l'a bien vengé de ce reproche. Il a prouvé que Dieu peut conferver éternellement l'atome, la monade qu'il aura daigné favorifer du don de la penfée. C'était le fentiment du célèbre & faint prêtre Gaffendi, pieux défenfeur de ce que la doctrine d'Epicure peut avoir de bon. Voyez fa fameufe Lettre à Defcartes.

„ D'où vous vient cette notion ? Si elle
„ procède du corps, il faut que vous ne foiez
„ pas fans extenfion. Aprenez nous comment
„ il fe peut faire que l'efpéce ou l'idée du corps,
„ qui eft étendu, puiffe être reçue dans vous,
„ c'eft-à-dire dans une fubftance non étendue.....
„ il eft vrai que vous connaiffez que vous pen-
„ fez, mais vous ignorez quelle efpèce de fub-
„ ftance vous êtes, vous qui penfez, quoique
„ l'opération de la penfée vous foit connue. Le
„ principal de vôtre effence vous eft caché,
„ & vous ne favez point quelle eft la nature
„ de cette fubftance dont l'une des opérations
„ eft de penfer „ &c.

Loke mourut en paix en difant à Madame Masham & à fes amis qui l'entouraient, *La vie eft une pure vanité.* De

De l'Evêque Tailor & de Tindal.

On a mis peut être avec autant d'injuſtice, Tailor Evêque de Cannor parmi les mécréants, à cauſe de ſon livre du guide des douteurs.

Mais pour le docteur Tindal auteur du Chriſtianiſme auſſi ancien que le monde, il a été conſtamment le plus intrépide ſoutien de la religion naturelle, ainſi que de la maiſon royale de Hanovre. C'était un des plus ſavants hommes d'Angleterre dans l'hiſtoire. Il fut honoré juſqu'à ſa mort d'une penſion de deux cent livres ſterling. Comme il ne goutait pas les livres de Pope, qu'il le trouvait abſolument ſans génie & ſans imagination, & ne lui accordait que le talent de verſifier, & de mettre en œuvre l'eſprit des autres, Pope fut ſon implacable ennemi. Tindal de plus était un Wig ardent, & Pope un Jacobite. Il n'eſt pas étonnant que Pope l'ait déchiré dans ſa Dunciade, ouvrage imité de Driden, & trop rempli de baſſeſſes & d'images dégoutantes.

De Collins.

Un des plus terribles ennemis de la religion chrêtienne a été Antoine Collins grand Tréſorier de la Comté d'Eſſex, bon métaphiſicien, & d'une grande érudition. Il eſt triſte qu'il n'ait fait uſage de ſa profonde dialectique que contre le chriſtianiſme. Le Docteur Clarke, célébre Socinien, auteur d'un très bon livre où il démontre l'exiſtence de Dieu, n'a jamais pu répondre aux livres de Collins d'une maniére ſatisfaiſante, & a été réduit aux injures.

Ses recherches philoſophiques ſur la liberté de l'homme, ſur les fondements de la religion chrêtienne, ſur les prophéties littérales, ſur la liberté de penſer, ſont malheureuſement demeurés des ouvrages victorieux.

De Wolſton.

Le trop fameux Thomas Wolſton, maître-ès-arts de Cambridge, ſe diſtingua vers l'an 1726 par ſes diſcours contre les miracles de Jeſus Chriſt, & leva l'étendart ſi hautement qu'il faiſait vendre à Londres ſon ouvrage dans ſa propre maiſon. On en fit trois éditions coup ſur coup de dix mille exemplaires chacune.

Perſonne n'avait encor porté ſi loin la témérité & le ſcandale. Il traite de contes puériles & extravagants les miracles & la réſurrection de nôtre Sauveur. Il dit que quand Jeſus Chriſt changea l'eau en vin pour des convives qui étaient déjà ivres, c'eſt qu'aparemment il fit du punch. Dieu emporté par le Diable ſur le pinacle du temple & ſur une montagne dont on voiait tous les royaumes de la terre, lui parait un blaſphême monſtrueux. Le Diable envoyé dans un troupeau de deux mille cochons, le figuier féché pour n'avoir pas porté des figues quand ce n'était pas le temps des figues, la transfiguration de Jefus, fes habits devenus tout blancs, fa converfation avec Moyfe & Elie, enfin toute fon hiftoire facrée eft traveftie en roman ridicule. Wolfton n'épargne pas les termes les plus injurieux & les plus méprifants. Il appelle fouvent nôtre Seigneur Jefus Chrift *The fellow*, ce compagnon, ce garnement, *a wanderer*, un vagabond, *a medicant fryar*, un frére coupe-chou mendiant.

Il fe fauve pourtant à la faveur du fens miftique, en difant que ces miracles font de pieufes allégories. Tous les bons chrétiens n'en ont pas moins eu fon livre en horreur.

Il y eut un jour une dévote qui en le voyant paffer dans la rue lui cracha au vifage. Il s'effuia tranquillement & lui dit, *c'eft ainfi que les Juifs ont traité votre Dieu*. Il mourut en paix, en difant, *t'is a paff every man muft come to*, c'eft une terme où tout homme doit arriver. Vous trouverez dans le dictionnaire hiftorique portatif de l'abbé l'Avocat, & dans un nouveau dictionnaire portatif où les mêmes erreurs font copiées, que Wolfton eft mort en prifon en 1733. Rien n'eft plus faux, plufieurs de mes amis l'ont vu dans fa maifon; il eft mort libre chez lui.

De Warburton.

On a regardé Warburton Evêque de Glocefter comme un des plus hardis infidèles qui aient jamais écrit, parce qu'après avoir commenté Shakefpear, dont les comédies, & même quelquefois les tragédies fourmillent de quolibets licentieux, il a foutenu dans fa légation de Moïfe que Dieu n'a point enfeigné à fon peuple chéri l'immortalité de l'ame. Il fe peut qu'on ait jugé cet Evêque trop durement, & que l'orgueil & l'efprit fatirique qu'on lui reprocha ait foulevé toute la nation. On a beaucoup écrit contre lui. Les deux premiers volumes de fon ouvrage n'ont paru qu'un vain fatras d'érudition erronée, dans lefquels il ne traite pas même fon fujet, & qui de plus font contraires à fon fujet, puifqu'il ne tendent qu'à prouver que tous les législateurs ont établi pour principe de leurs Réligions, l'immortalité de l'ame; en quoi même Warburton fe trompe: car ni Sanconiathon le Phénicien, ni le livre des cinq King Chinois, ni Confucius n'admettent ce principe.

Mais jamais Warburton dans tous fes faux fuiants n'a pu répondre aux grands arguments perfonels dont on l'a accablé. Vous prétendez que tous les fages ont pofé pour fondement de la Réligion l'immortalité de l'ame, les peines & les récompenfes après la mort; or Moyse n'en parle ni dans son Décalogue, ni dans aucune de ses loix, donc Moyse de vôtre aveu n'était pas un sage.

Ou il était instruit de ce grand dogme, ou il l'ignorait. S'il en était instruit, il est coupable de ne l'avoir pas enseigné. S'il l'ignorait, il était indigne d'être législateur.

Ou Dieu inspirait Moyse, ou ce n'était qu'un charlatan. Si Dieu inspirait Moyse, il ne pouvait lui cacher l'immortalité de l'ame; & s'il ne lui a pas apris ce que tous les Egyptiens savaient, Dieu l'a trompé & a trompé tout son peuple. Si Moyse n'était qu'un charlatan, vous détruisez toute la loi Mosaïque, & par conséquent vous sappez par le fondement la Réligion Chrêtienne bâtie sur la loi Mosaïque. Enfin, si Dieu a trompé Moyse, vous faites de l'être infiniment parfait un séducteur & un fripon. De quelque côté que vous vous tourniez, vous blasphémez.

Vous croyez vous tirer d'affaire en disant que Dieu payait son son peuple comptant, en le punissant temporellement de ses transgressions, & en le récompensant par les biens de la terre quand il était fidèle. Cette évasion est pitoyable; car combien de transgresseurs ont passé leurs jours dans les délices ! témoin Salomon. Ne faut-il pas avoir perdu le bon sens ou la pudeur, pour dire que chez les Juifs aucun scélerat n'échapait à la punition temporelle ? N'est-il pas parlé cent fois du bonheur des méchants dans l'écriture ?

Nous savions avant vous que ni le Décalogue, ni le Lévitique ne font mention de l'immortalité de l'ame, ni de sa spiritualité, ni des peines & des récompenses dans une autre vie : mais ce n'était pas à vous à le dire. Ce qui est pardonnable à un Laïque ne l'est pas à un prêtre ; & surtout, vous ne devez pas le dire dans quatre volumes ennuieux.

Voilà ce que l'on objecte à Warburton ; il a répondu par des injures atroces, & il a crû enfin qu'il a raison, parce que son Evêché lui vaut deux mille cinq cent guinées de rentes. Toute l'Angleterre s'est déclarée contre lui malgré ses guinées. Il s'est rendu odieux par la virulence de son insolent caractère beaucoup plus que par l'absurdité de son sistême.

De Bolingbroke.

Mylord Bolingbroke a été plus audacieux que Warburton & de meilleure foi. Il ne cesse de dire dans ses Œuvres Philosophiques que les Athées sont beaucoup moins dangereux que les Théologiens ; il raisonnait en Ministre d'Etat qui savait combien de sang les querelles Théologiques ont couté à l'Angleterre ; mais il devait s'en tenir à proscrire la Théologie & non la Religion Chrétienne, dont tout homme d'état peut tirer de très grands avantages pour le genre humain, en la refferrant dans fes bornes fi elle les a franchies. On a publié après la mort du Lord Bolingbroke quelques-uns de fes ouvrages plus violents encor que fon Recueil Philofophique; il y déploye une éloquence funefte. Perfonne n'a jamais écrit rien de plus fort; on voit qu'il avait la Religion Chrétienne en horreur. Il eft trifte qu'un fi fublime génie ait voulu couper par la racine un arbre qu'il pouvait rendre très utile en élaguant fes branches, & en le nettoyant de fa moufle.

On peut épurer la religion. On commença ce grand ouvrage il y a près de deux cent cinquante années; mais les hommes ne s'éclairent que par degrés. Qui aurait prévu alors qu'on analiferait les rayons du Soleil, qu'on electriferait le tonnerre, & qu'on découvrirait la loi de la gravitation univerfelle, loi qui préfide à l'Univers? Il eft temps, felon Bolingbroke, qu'on banniffe la Théologie comme on a banni l'Aftrologie judiciaire, la Sorcellerie, la poffeffion du Diable, la baguette divinatoire, la panacée univerfelle & les Jefuites. La Théologie n'a jamais fervi qu'à renverfer les loix & qu'à corrompre les cœurs; elle feule fait les Athées; car le grand nombre des Théologiens qui eft affez fenfé pour voir le ridicule de cette fcience chimérique, n'en fait pas affez pour lui fubftituer une faine

Philosophie. La Théologie, disent-ils, est selon la signification du mot, la science de Dieu. Or les polissons qui ont profané cette science ont donné de Dieu des idées absurdes ; & delà ils concluent que la divinité est une chimère, parce que la Théologie est chimérique. C'est précisément dire qu'il ne faut ni prendre du quinquina pour la fiévre, ni faire diete dans le plethore, ni être saigné dans l'apoplexie, parce qu'il y a eu de mauvais médecins ; c'est nier la connaissance du cours des astres, parce qu'il y a eu des astrologues ; c'est nier les effets évidents de la Chimie, parce que des Chimistes charlatans ont prétendu faire de l'or. Les gens du monde encor plus ignorants que ces petits Théologiens, disent, voilà des bacheliers & des licentiés qui ne croyent pas en Dieu ; pourquoi y croirions-nous ? Voilà quelle est la suite funeste de l'esprit théologique. Une fausse science fait les Athées, une vraie science prosterne l'homme devant la Divinité : elle rend juste & sage celui que l'abus de la Théologie a rendu inique & insensé.

De Thomas Chubb.

Thomas Chubb est un philosophe formé par la nature. La subtilité de son génie dont il abusa, lui fit embrasser non seulement le parti des Sociniens, qui ne régardent Jésus-Christ que comme un homme, mais enfin celui des Théiſtes rigides qui reconnaiſſent un Dieu, & n'admettent aucun miſtére. Ses égarements ſont méthodiques ; il voudrait réunir tous les hommes dans une religion qu'il croit épurée parce qu'elle eſt ſimple. Le mot de Chriſtianiſme eſt à chaque page dans ſes divers ouvrages, mais la choſe ne s'y trouve pas. Il ſe penſer que Jéſus Chriſt a été de la religion de Thomas Chubb ; mais il n'eſt pas de la religion de Jéſus-Chriſt. Un abus perpétuel des mots eſt le fondement de ſa perſuaſion. Jéſus-Chriſt a dit, Aimez Dieu & votre prochain, voilà toute la loi, voilà tout l'homme. Chubb s'en tient à ces paroles ; il écarte tout le reſte. Nôtre Sauveur lui parait un philoſophe comme Socrate, qui fut mis à mort comme lui pour avoir combattu les ſuperſtitions & les prêtres de ſon païs. D'ailleurs il a écrit avec retenue, il s'eſt toujours couvert d'un voile. Les obſcurités dans leſquelles il s'envelope lui ont donné plus de réputation que de Lecteurs.

CINQUIEME LETTRE.

Sur Swift.

IL est vrai, Monseigneur, que je ne vous ai point parlé de Swift; il mérite un article à part; c'est le seul écrivain anglais de ce genre qui ait été plaisant. C'est une chose bien étrange que les deux hommes à qui on doit le plus reprocher d'avoir osé tourner la Réligion Chrétienne en ridicule, ayent été deux prêtres ayant charge d'ames. Rabelais fut Curé de Meudon, & Swift fut Doyen de la Cathédrale de Dublin; tous deux lancèrent plus de sarcasmes contre le Christianisme que Moliére n'en a prodigué contre la médecine; & tous deux vécurent & moururent paisibles, tandis que d'autres hommes ont été persécutés, poursuivis, mis à mort pour quelques paroles équivoques.

Mais souvent l'un se perd où l'autre s'est sauvé,
Et par où l'un périt un autre est conservé.

Le conte du tonneau du Doyen Swift est une imitation des trois anneaux. La fable de ces trois anneaux est fort ancienne; elle est

u temps des croisades. C'est un vieillard qui
issa en mourant une bague à chacun de ses
ois enfans ; ils se battirent à qui aurait la
lus belle ; on reconnut enfin après de longs
ébats que les trois bagues étaient parfaitement
emblables. Le bon vieillard est le théïsme,
es trois enfans sont la Réligoin Juive, la Chré-
enne, & la Musulmane.

L'Auteur oublia les Réligions des Mages &
es Bracmanes, & beaucoup d'autres ; mais
'était un Arabe qui ne connaissait que ces trois
ctes. Cette fable conduit à cette indifféren-
e qu'on reprocha tant à l'Empereur Fréderic
econd & à son Chancelier de Vineis, qu'on
ccuse d'avoir composé le livre *de tribus Im-*
ostoribus, qui comme vous savez n'a jamais
xisté. (*)

Le conte des trois anneaux se trouve dans
uelques anciens recueils : le Docteur Swift
i a substitué trois juste-au-corps : l'introduc-
ón à cette raillerie impie est digne de l'ou-
rage ; c'est une estampe où sont représentées
rois maniéres de parler en public ; la pre-
iére est le théatre d'Arlequin & de Gilles, la
econde est un Prédicateur dont la chaire est
a moitié d'une futaille, la troisiéme est l'é-

_____

(*) On ne comprend pas pourquoi l'Auteur nie
'existance du livre des *trois Imposteurs*, on sait qu'il
été imprimé il y a trent ans, & depuis peu réimprimé.

chelle du haut de laquelle un homme qu'on va prendre, harangue le peuple.

Un Prédicateur entre Gilles & un pendu ne fait pas une belle figure. Le corps du livre est une histoire allégorique des trois principales sectes qui divisent l'Europe méridionale, la Romaine, la Luthérienne & la Calviniste; car il ne parle pas de l'Eglise Grecque qui possède six fois plus de terrein qu'aucune des trois autres, & il laisse là le Mahométisme bien plus étendu que l'Eglise Grecque.

Les trois frères à qui leur vieux bon homme de père a légué trois juste-au-corps tout unis, & de la même couleur, sont Pierre, Martin, & Jean; c'est-à-dire, le Pape, Luther & Calvin. L'Auteur fait faire plus d'extravagances à ses trois héros que Cervantes n'en attribue à son Don Quichote, & l'Arioste à son Roland; mais Mylord Pierre est le plus maltraité des trois frères. Le livre est très mal traduit en Français; il n'était pas possible de rendre le comique dont il est assaisonné; ce comique tombe souvent sur des querelles entre l'Eglise Anglicane & la Presbitérienne, sur des usages, sur des avantures que l'on ignore en France, & sur des jeux de mots particuliers à la langue anglaise. Par exemple, le mot qui signifie une bulle de Pape en Français, signifie aussi en Anglais un bœuf. C'est une source d'équivoques & de plaisanteries entiérement perdues pour un Lecteur Français.

Swift était bien moins savant que Rabelais, mais son esprit est plus fin & plus délié ; c'est le Rabelais de la bonne compagnie. Les Lords Oxford & Bolingbroke firent donner le meilleur bénéfice d'Irlande après l'Archevêché de Dublin, à celui qui avait couvert la religion chrêtienne de ridicule ; & Abadie qui avait écrit en faveur de cette religion un livre auquel on prodiguait les éloges, n'eut qu'un malheureux petit bénéfice de village. Mais il est à remarquer que tous deux sont morts fous.

SIXIEME LETTRE.

Des Allemands.

Monseigneur,

Votre Allemagne a eu aussi beaucoup de grands Seigneurs & de Philosophes accusés d'irréligion. Vôtre célèbre Corneille Agrippa au 15. siècle, fut regardé non seulement comme un sorcier, mais comme un incrédule ; celà est contradictoire ; car un sorcier croit en Dieu, puisqu'il ose mêler le nom de Dieu dans toutes ses conjurations. Un sorcier croit au diable puisqu'il se donne au diable. Chargé de ces deux calomnies comme Apulée, Agrippa fut bienheureux de n'être qu'en prison, & de ne mourir qu'à l'hopital. Ce fut lui qui le premier débita que le fruit défendu dont avaient mangé Adam & Eve, était la jouissance de l'amour à laquelle ils s'étaient abandonnés avant d'avoir reçu de Dieu la bénédiction nuptiale. Ce fut encor lui qui après avoir cultivé les sciences écrivit le premier contre elles. Il décria le lait dont il avait été nourri, parce qu'il l'avait très mal digéré. Il mourut dans l'hopital de Grenoble en 1535.

Je ne connais vôtre fameux docteur Faustus

que par la comédie dont il est le héros, & qu'on joue dans toutes vos provinces de l'Empire. Vôtre Docteur Faustus y est dans un commerce suivi avec le diable. Il lui écrit des lettres qui cheminent par l'air au moyen d'une ficelle. Il en reçoit des réponses. On voit des miracles à chaque acte, & le diable emporte Faustus à la fin de la piéce. On dit qu'il était né en Suabe, & qu'il vivait sous Maximilien premier. Je ne crois pas qu'il ait fait plus de fortune auprès de Maximilien qu'auprès du diable son autre maître.

Le célèbre Erasme fut également soupçonné d'irréligion par les catholiques & par les protestans, parce qu'il se moquait des excès où les uns & les autres tombèrent. Quand deux partis ont tort, celui qui se tient neutre, & qui par conséquent a raison, est vexé par l'un & par l'autre. La statue qu'on lui a dressée dans la place de Rotterdam sa patrie, l'a vengé de Luther & de l'inquisition.

Melancthon, *terre noire*, fut à peu près dans le cas d'Erasme. On prétend qu'il changea quatorze fois de sentiment sur le péché originel & sur la prédestination. On l'appellait, dit-on, le Prothée d'Allemagne. Il aurait voulu en être le Neptune qui retient la fougue des vents.

Jam cœlum terramque meo sine numine venti
Miscere & tantas audetis tollere moles!

Il était modéré & tolérant. Il passa pour indifférent. Etant devenu protestant il conseilla à sa mère de rester catholique. De là on jugea qu'il n'était ni l'un, ni l'autre.

J'omettrai, si vous le permettez, la foule des sectaires à qui l'on a reproché d'embrasser des factions plutôt que d'adhérer à des opinions, & de croire à l'ambition ou à la cupidité bien plutôt qu'à Luther & au Pape. Je ne parlerai pas des philosophes accusés de n'avoir eu d'autre évangile que la nature.

Je viens à vôtre illustre Leibnitz. Fontenelle en faisant son éloge à Paris en pleine Académie, s'exprime sur sa religion en ces termes : *on l'accuse de n'avoir été qu'un grand & rigide observateur du droit naturel : ses pasteurs lui en ont fait des réprimandes publiques & inutiles.*

Vous verrez bientôt, Monseigneur, que Fontenelle qui parlait ainsi, avait essuié des imputations non moins graves.

Wolff le disciple de Leibnitz a été exposé à un plus grand danger : il enseignait les Mathématiques dans l'Université de Hall avec un succès prodigieux. Le Professeur Théologien *Lange*, qui gélait de froid dans la solitude de son école tandis que Wolff avait cinq cent auditeurs, s'en vengea en dénonçant Wolff comme un Athée. Le feu Roi de Prusse Fréderic Guillaume, qui s'entendait mieux à exercer ses troupes qu'aux disputes

disputes des savants, crut Lange trop aisément; il donna le choix à Wolff de sortir de ses états dans vingt-quatre heures ou d'être pendu : le Philosophe résolut sur le champ le problême en se retirant à Marbourg où ses écoliers le suivirent, & où sa gloire & sa fortune augmentèrent. La Ville de Hall perdit alors plus de quatre cent mille florins par an que Wolff lui valait par l'affluence de ses disciples, le revenu du Roi en souffrit, & l'injustice faite au Philosophe ne retomba que sur le Monarque. Vous savez, Monseigneur, avec quelle équité & quelle grandeur d'ame le successeur de ce Prince répara l'erreur dans laquelle on avait entrainé son père.

Il est dit à l'article Wolff dans un Dictionnaire (*a*) que Charles Fréderic Philosophe couronné, ami de Wolff, l'éleva à la dignité de Vice-Chancelier de l'Université de l'Electeur de Bavière, & de Baron de l'Empire. Le Roi dont il est parlé dans cet article est en effet un Philosophe, un Savant, un très grand génie, ainsi qu'un très grand Capitaine sur le Trône, mais il ne s'appelle point Charles ; il n'y a point dans ses Etats d'Université apartenante à l'Electeur de Bavière ; l'Empereur seul fait des Barons de l'Empire. Ces petites fautes, qui sont trop fréquentes dans tous les Dictionnaires, peuvent être aisément corrigées.

(*a*) Le Dictionnaire historique, chez Marc-Michel Rey.

Depuis ce temps la liberté de penser a fait des progrès étonnants dans tout le Nord de l'Allemagne. Cette liberté même a été portée à un tel excès, qu'on a imprimé en 1766 un Abrégé de l'Histoire Ecclésiastique de Fleuri avec une préface d'un stile éloquent, qui commence par ces paroles.

„ L'établissement de la Religion Chrêtienne
„ a eu comme tous les Empires de faibles com-
„ cements. Un Juif de la lie du peuple, dont
„ la naissance est douteuse, qui mêle aux absur-
„ dités des anciennes prophéties des préceptes
„ de morale, auquel on attribue des miracles
„ est le héros de cette secte : douze Fanatiques
„ se répandent d'Orient en Italie, &c.

Il est triste que l'auteur de ce morceau, d'ailleurs profond & sublime, se soit laissé emporter à une hardiesse si fatale à nôtre sainte religion. Rien n'est plus pernicieux. Cependant, cette licence prodigieuse n'a presque point excité de rumeurs. Il est bien à souhaiter que ce livre soit peu répandu. On n'en a tiré, à ce que je présume, qu'un petit nombre d'exemplaires.

Le discours de l'Empereur Julien contre le christianisme, traduit à Berlin par le Marquis d'Argens Chambellan du Roi de Prusse, & dédié au Prince Ferdinand de Brunswick, serait un coup non moins funeste porté à nôtre religion, si l'auteur n'avait pas eu le soin de rassurer par des remarques savantes les esprits effarouchés.

L'ouvrage est précédé d'une préface sage & instructive, dans laquelle il rend justice (il est vrai) aux grandes qualités & aux vertus de Julien ; mais dans laquelle aussi il avoue les erreurs funestes de cet Empereur. Je pense, Monseigneur, que ce livre ne vous est pas inconnu, & que vôtre christianisme n'en a pas été ébranlé. (*)

(*) Il me semble que notre élegant & réligieux Auteur, a fort peu connu les Auteurs Allemands, qui ont eu le malheur, comme il dit, d'écrire contre la Réligion. On pense que c'est la raison qu'il n'a pas fait mention dans ce Catalogue raisonné, des *Knutzens*, des *Koerbach*, des *Thomasius*, des *Laus*, des *Dippels*, connu sous le nom de *Democritus*, des *Bakkers*, des *Edelmanns* & bien d'autres, dont les écrits ont fait assez de bruit dans leurs tems.

SEPTIEME LETTRE.

Sur les Français.

Vous avez, je crois, très bien deviné, Monseigneur, qu'en France il y a plus d'hommes accusés d'impiétés que de véritables impies ; de même qu'on y a vu beaucoup plus de foupçons d'empoifonnemens que d'empoifonneurs. La vivacité peu réfléchie qu'on reproche à cette nation la porte à tout les jugemens téméraires ; cette pétulance inquiète a fait que plufieurs auteurs ont écrit avec liberté, & ont été jugés avec cruauté. L'extrême délicateffe des théologiens & des moines leur a toujours fait craindre la diminution de leur crédit ; Ils font comme des fentinelles qui crient toujours qui vive, & qui penfent que l'ennemi eft aux portes : Pour peu qu'ils foupçonnent qu'on leur en veut dans un livre, ils fonnent l'allarme.

De Bonaventure Des Périers.

Un des premiers exemples en France de la perfécution fondée fur des terreurs paniques, fut le vacarme étrange qui dura fi longtemps au sujet du *cimbalum mundi*, petit livret d'une cinquantaine de pages tout au plus. Il est d'un nommé Bonaventure des Périers, qui vivait au commencement du seiziéme siècle. Ce Des Périers était domestique de Marguerite de Valois sœur de François 1. Les Lettres commençaient alors à rénaître ; Des Périers voulut faire en latin quelques dialogues dans le goût de Lucien : il composa quatre dialogues très insipides sur les prédictions, sur la pierre philosophale, sur un cheval qui parle, sur les chiens d'Actéon. Il n'y a pas assurément dans tout ce fatras de plat écolier, un seul mot qui ait le moindre & le plus éloigné raport aux choses que nous devons révérer.

On persuada à quelques docteurs qu'ils étaient désignés par les chiens & par les chevaux. Pour les chevaux ils n'étaient pas accoutumés à cet honneur. Les docteurs aboiérent ; aussi-tôt l'ouvrage fut recherché, traduit en langue vulgaire & imprimé : & chaque fainéant crut d'y trouver des allusions, & les docteurs de crier à l'hérétique, à l'impie, à l'athée. Le livret fut déféré aux Magistrats, le libraire Morin mis en prison, & l'auteur en de grandes angoisses.

L'injustice de la persécution frappa si fortement le cerveau de Bonaventure, qu'il se tua de son épée dans le palais de Marguerite. Toutes les langues des prédicateurs, toutes les plumes des théologiens s'exercèrent fur cette mort funeste. Il s'est défait lui même, donc il était coupable, donc il ne croyait point en Dieu, donc son petit livre, que personne n'avait pourtant la patience de lire, était le catéchisme des athées; chacun le dit, chacun le crut: *credidi propter quod locutus fum, j'ai cru parce que j'ai parlé;* est la devise des hommes. On répéte une fotise, & à force de la redire on en est persuadé.

Le livre devient d'une rareté extrême; nouvelle raison pour le croire infernal. Tous les auteurs d'anecdotes littéraires, & des dictionnaires, n'ont pas manqué d'affirmer que le *cimbalum mundi* est le Précurseur de Spinofa.

Nous avons encor un ouvrage d'un Confeiller de Bourges, nommé Catherinot, très digne des armes de Bourges: ce grand juge dit, nous avons deux livres impies que je n'ai jamais vus, l'un *de tribus impoftoribus*, l'autre *le cimbalum mundi*. Eh mon ami, fi tu ne les as pas vus, pourquoi en parles-tu?

Le Minime Merfenne, ce facteur de Defcartes, le même qui donne douze apôtres à Vanini, dit de Bonaventure Des Périers, *c'est un monftre & un fripon, d'une impieté achevée.* Vous remarquerez qu'il n'avoit pas lu fon livre. Il n'en restait plus que deux exemplaires dans l'Europe quand Profper Marchand le réimprima à Amfterdam en 1711. Alors le voile fut tiré, on ne cria plus à l'impieté, à l'athéisme, on cria à l'ennui, & on n'en parla plus.

De Théophile.

Il en a été de même de Théophile, très célébre dans son temps ; c'était un jeune homme de bonne compagnie, faisant très facilement des vers médiocres, mais qui eurent de la réputation ; très instruit dans les belles Lettres, écrivant purement en latin, homme de table autant que de cabinet, bien venu chez les jeunes Seigneurs qui se piquaient d'esprit, & surtout chez cet illustre & malheureux Duc de Montmorenci, qui après avoir gagné des batailles mourut sur un échafaut.

S'étant trouvé un jour avec deux Jésuites, & la conversation étant tombée sur quelques points de la malheureuse philosophie de son temps, la dispute s'aigrit. Les Jésuites substituèrent les injures aux raisons. Théophile était poëte & gascon, *genus irritabile vatum & Vasconum*. Il fit une petite piéce de vers où les Jésuites n'étaient pas trop bien traités ; en voici trois qui coururent toute la France :

Cette grande & noire machine
Dont le souple & le vaste corps
Etend ses bras jusqu'à la Chine.

Théophile même les rapelle dans une épître en vers écrite de sa prison au Roi Louïs XIII. Tous les Jésuites se déchainèrent contre lui. Les deux plus furieux, Garasse & Guerin, deshonorérent la chaire & violèrent les loix en le nommant dans leurs sermons, en le traitant d'atheé & d'homme abominable, en excitant contre lui toutes leurs dévotes. Un Jésuite plus dangereux, nommé Voisin, qui n'écrivait ni ne prêchait, mais qui avait un grand crédit auprès du Cardinal de la Rochefoucaut, intenta un procès criminel à Théophile, & suborna contre lui un jeune débauché nommé Sajcot qui avait été son écolier, & qui passait pour avoir servi à ses plaisirs infames, ce que l'accusé lui reprocha à la confrontation. Enfin le Jésuite Voisin obtint par la faveur du Jésuite Cauffin confesseur du Roi, un décret de prise de corps contre Théophile sur l'accusation d'impieté & d'athéïsme. Le malheureux prit la fuite, on lui fit son procès par contumace, il fut brulé en effigie en 1621. Qui croirait que la rage des Jésuites ne fut pas encor assouvie! Voisin paya un Lieutenant de la Connétablie nommé le Blanc pour l'arrêter dans le lieu de sa retraite en Picardie. On l'enferma chargé de fers dans un cachot aux acclamations de la populace, à qui le Blanc criait, c'est un Athée que nous allons bruler. De là on le mena à Paris à la conciergerie.

gerie, où il fut mis dans le cachot de Ravaillac. Il y resta une année entiére, pendant laquelle les Jésuites prolongérent son procès pour chercher contre lui des preuves.

Pendant qu'il était dans les fers, Garasse publiait sa doctrine curieuse, dans laquelle il dit que Pasquier, le Cerdinanal Volsey, Scaliger, Luther, Calvin, Bèze, le Roi d'Angleterre, le Landgrave de Hesse & Théophile. sont des *Belistres d'Atheistes & de Carpocratiens.* Ce Garasse écrivait dans son temps comme le misérable ex-jésuite Nonote a écrit dans le sien : la différence est que l'insolence de Garasse était fondée sur le crédit qu'avaient alors les Jésuites, & que la fureur de l'absurde Nonote est le fruit de l'horreur & du mépris où les Jésuites sont tombés dans l'Europe ; c'est le serpent qui veut mordre encore quand il a été coupé en tronçons. Théophile fut surtout interrogé sur le Parnasse satirique, recueil d'impudicités dans le gout de Pétrone, de Martial, de Catulle, d'Ausone, de l'Archevêque de Bénévent la Caza, de l'Evêque d'Angoulême Octavien de St. Gelais, & de Mélin de St. Gelais son fils, de l'Aretin, de Chorier, de Marot, de Verville, des épigrammes de Rousseau, & de cent autres sottises licentieuses. Cet ouvrage n'était pas de Théophile. Le Libraire avait rassemblé tout ce qu'il avait pu de Menard, de

Colletet, d'un nommé Frenide, & de quelques Seigneurs de la Cour. Il fut avéré que Théophile n'avait point de part à cette édition, contre laquelle lui-même avait préfenté requête. Enfin les Jéfuites, quelque puiffants qu'ils fuffent alors, ne purent avoir la confolation de le faire bruler, & ils eurent même beaucoup de peine à obtenir qu'il fût banni de Paris. Il y revint malgré eux, protégé par le Duc de Montmorenci, qui le logea dans fon hotel où il mourut en 1626 du chagrin auquel une fi cruelle perfécution le fit enfin fuccomber.

Des Barreaux.

Le Confeiller au Parlement Des Barreaux qui dans fa jeuneffe avait été ami de Théophile & qui ne l'avait pas abandonné dans fa difgrace, paffa conftamment pour un Athée: & fur quoi? fur un conte qu'on fait de lui fur l'avanture de l'omelette au lard. Un jeune homme à faillies libertines peut très bien dans un cabaret avoir mangé gras un Samedi, & pendant un orage mêlé de tonnerres avoir jetté le plat par la fenêtre, en difant, *voila bien du bruit pour une omelette au lard*, fans pour cela mériter l'affreufe accufation d'Athéïfme. C'eft fans doute une très grande irrévérence, c'est insulter l'église dans laquelle il était né ; c'est se moquer de l'institution des jours maigres, mais ce n'est pas nier l'éxistence de Dieu. Ce qui lui donna cette réputation ce fut principalement l'indiscrete témérité de Boileau, qui dans sa Satire des femmes, laquelle n'est pas sa meilleure, parle de plus d'une Capanée.

Du tonnerre dans l'air bravant les vains carreaux,
Et nous parlant de Dieu du ton de Desbarreaux.

Jamais ce magistrat n'écrivit rien contre la Divinité. Il n'est pas permis de flétrir du nom d'athée un homme de mérite contre lequel on n'a aucune preuve ; cela est indigne. On a imputé à Des Barreaux le fameux sonnet qui finit ainsi.

Tonne, frape, il est temps, rend moi guerre pour guerre ;
J'adore en périssant la raison qui t'aigrit :
Mais dessus quel endroit tombera ton tonnerre.
Qui ne soit tout couvert du sang de Jésus-Christ ?

Ce sonnet ne vaut rien du tout. *Jésus-Christ* en vers n'est pas tolérable ; *rends moi guerre*, n'est pas français ; *guerre pour guerre* est très plat ; & *dessus quel endroit*, est détestable. Ces vers sont de l'Abbé de Lavau ; & Des Barreaux fut toujours très fâché qu'on les lui attribuat.

De La Motthe le Vayer.

Le sage La Motthe le Vayer, Conseiller d'Etat, précepteur de Monsieur frère de Louïs XIV. & qui le fut même de Louïs XIV. près d'une année, n'essuia pas moins de soupçons que le voluptueux Des Barreaux. Il y avait encor peu de philosophie en France. Le traité de la vertu des Payens, & les dialogues d'Oracius Tubero, lui firent des ennemis. Les Jansénistes surtout qui ne régardaient après St. Augustin les vertus des grands hommes de l'antiquité, que comme des *péchés splendides*, se déchainèrent contre lui. Le comble de l'insolence fanatique est de dire, *nul n'aura de vertu que nous & nos amis ; Socrate, Confucius, Marc Aurele, Epiétète, ont été des scélerats, puisqu'ils n'étaient pas de nôtre communion*. On est revenu aujourd'hui de cette extravagance, mais alors elle dominait. On a raporté dans un ouvrage très curieux, qu'un jour un de ces énergumènes voyant passer La Motthe le Vayer dans la galerie du Louvre, dit tout haut, voilà un homme sans religion. Le Vayer au lieu de le faire punir se retourna vers cet homme & lui dit, *mon ami, j'ai tant de religion que je ne suis pas de ta religion.*

De St. Evremont.

On a donné quelques ouvrages contre le christianisme sous le nom de St. Evremont, mais aucun n'est de lui. On crut après sa mort faire passer ces dangereux livres à l'abri de sa réputation ; & parce qu'en effet on trouve dans ses véritables ouvrages plusieurs traits qui annoncent un esprit dégagé des préjugés de l'enfance. D'ailleurs sa vie Epicurienne, & sa mort toute philosophique servirent de prétexte à tous ceux qui voulaient accréditer de son nom leurs sentimens pernicieux.

Nous avons surtout une analise de la religion chrétienne qui lui est attribuée. C'est un ouvrage qui tend à renverser toute la chronologie & presque tous les faits de la Sainte Ecriture. Nul n'a plus aprofondi que l'auteur l'opinion où sont quelques théologiens que l'astronome Phlégon avait parlé des ténèbres qui couvrirent toute la terre à la mort de nôtre Seigneur Jésus-Christ. J'avoue que l'auteur a plainement raison contre ceux qui ont voulu s'apuier du témoignage de cet astronome ; mais il a grand tort de vouloir combattre tout le ſyſtéme chrêtien ſous prétexte qu'il a été mal défendu.

Au reſte, St. Evremont était incapable de ces recherches ſavantes. C'était un eſprit agréable & juſte ; mais il avait peu de ſcience, nul génie, & ſon goût était peu ſûr. ſes diſcours ſur les Romains lui firent une réputation dont il abuſa pour faire les plus plattes Comédies, & les plus mauvais vers dont on ait jamais fatigué les lecteurs, qui n'en ſont plus fatigués aujourd'hui puiſqu'ils ne les liſent plus. On peut le mettre au rang des hommes aimables & pleins d'eſprit qui ont fleuri dans le temps brillant de Louïs XIV. mais non pas au rang des hommes ſupérieurs.

De Fontenelle.

Bernard de Fontenelle, depuis Secretaire de l'Académie des Sciences, eut une ſecouſſe plus vive à ſoutenir. Il fit inſérer en 1686 dans la République des Lettres de Bayle, une relation de l'île de Borneo fort ingénieuſe ; c'était une allégorie ſur Rome & Genève ; elles étaient déſignées ſous le nom de deux ſœurs, Mero & Enegu. Mero était une Magicienne tirannique ; elle éxigeait que ſes ſujets vinſſent lui déclarer leurs plus ſecrettes penſées, & qu'enſuite ils lui aportaſſent tout leur argent. Il fallait avant de venir lui baiſer les pieds, adorer des os de morts, & souvent quand on voulait déjeuner, elle faisait disparaître le pain. Enfin ses sortilèges & ses fureurs soulevèrent un grand parti contre elle; & sa sœur Enegu lui enleva la moitié de son Royaume.

Bayle n'entendit pas d'abord la plaisanterie; mais l'Abbé Terson l'ayant commentée, elle fit beaucoup de bruit. C'était dans le tems de la révocation de l'édit de Nantes; Fontenelle courait risque d'être enfermé à la Bastille. Il eut la bassesse de faire d'assez mauvais vers à l'honneur de cette révocation, & à celui des Jésuites : on les inséra dans un mauvais recueil intitulé le Triomphe de la Religion sous Louis le grand, imprimé à Paris chez l'Anglois en 1687.

Mais ayant depuis rédigé en Français avec un grand succès la savante histoire des oracles de Vandale, les Jésuites le persécutérent. Le Tellier confesseur de Louis XIV. rappellant l'allégorie de Mero & d'Enega, aurait voulu le traiter comme le Jésuite Voisin avait traité Théophile. Il sollicita une lettre de cachet contre lui. Le célèbre Garde des sceaux d'Argenson alors Lieutenant de Police sauva Fontenelle de la fureur de le Tellier.

Cette anecdote est plus importante que toutes les bagatelles littéraires dont l'Abbé Trublet a fait un gros volume concernant Fontenelle Elle apprend combien la philofophie eft dangereufe quand un fanatique ou un fripon, ou un moine qui eft l'un & l'autre, a malheureufement l'oreille du Prince. C'eft un danger, Monfeigneur, auquel on ne fera jamais expofé auprès de vous.

De l'Abbé de St. Pierre.

L'allégorie du Mahométifme par l'Abbé de St. Pierre fut beaucoup plus frapante que celle de Mero. Tous les ouvrages de cet Abbé, dont plufieurs paffent pour des rêveries, font d'un homme de bien & d'un citoyen zélé; mais tout s'y reffent d'un pur théïfme. Cependant, il ne fut point perfécuté, c'eft qu'il écrivait d'une manière à ne rendre perfonne jaloux : fon ftile n'a aucun agrément ; il était peu lu, il ne prétendait a rien : ceux qui le lifaient fe moquaient de lui, & le traitaient de bon homme. S'il eût écrit comme Fontenelle, il était perdu, furtout quand les Jéfuites régnaient encore.

De Bayle.

Cependant s'élevait alors, & depuis plufieurs années l'immortel Bayle, le premier des dialecticiens & des philofophes fceptiques. Il avait déja donné fes penfées fur la comète, ses réponses aux questions d'un provincial, & enfin son Dictionnaire de raisonnement. Ses plus grands ennemis sont forcés d'avouer qu'il n'y a pas une seule ligne dans ses ouvrages qui soit un blasphême évident contre la religion chrêtienne; mais ses plus grands défenseurs avouent que dans les articles de controverse il n'y a pas une seule page qui ne conduise le lecteur au doute, & souvent à l'incrédulité. On ne pouvait le convaincre d'être impies, mais il faisait des impies, en mettant les objections contre nos dogmes dans un jour si lumieux qu'il n'était pas possible à une foi médiocre de n'être pas ébranlée : & malheureusement la plus grande partie des lecteurs n'a qu'une foi très médiocre.

Il est raporté dans un de ces Dictionnaires historiques où la vérité est si souvent mêlée avec le mensonge, que le Cardinal de Polignac en passant par Rotterdam demanda à Bayle s'il était Anglican, ou Luthérien, ou Calviniste, & qu'il répondit, *je suis protestant, car je proteste contre toutes les religions.* En premier lieu, le Cardinal de Polignac ne passa jamais par Rotterdam que lorsqu'il alla conclure la paix d'Utrecht en 1713. après la mort de Bayle.

Secondement, ce savant Prélat n'ignorait pas que Bayle né Calviniste au païs de Foix, & n'aient jamais été en Angleterre, ni en Allemagne, n'était ni Anglican, ni Luthérien.

Troisiémement, il était trop poli pour aller demander à un homme de quelle religion il était. Il est vrai que Bayle avait dit quelquefois ce qu'on lui fait dire ; il ajoutait qu'il était comme Jupiter assemble-nuages d'Homère. C'était d'ailleurs un homme des mœurs réglées & simples ; un vrai philosophe dans toute l'étendue de ce mot. Il mourut subitement après avoir écrit ces mots, *voilà ce que c'est que la vérité.*

Il l'avait cherchée toute sa vie, & n'avait trouvé par tout que des erreurs.

Après lui on a été beaucoup plus loin. Les Maillet, les Boulainvilliers, les Boulangers, les Mesliers, le savant Fréret, le dialecticien du Marsai, l'intempérant La Métrie, & bien d'autres, ont attaqué la religion Chrêtienne avec autant d'acharnement que les Porphires, les Celses & les Juliens.

J'ai souvent recherché ce qui pouvait déterminer tant d'écrivains modernes à déployer cette haine contre le chriftianisme. Quelques-uns m'ont répondu que les écrits des nouveaux apologistes de nôtre religion les avaient indignés Que si ces apologistes avaient écrit avec la modération que leur cause devait leur inspirer, on n'aurait pas pensé à s'élever contre eux, mais que leur bile donnait de la bile ; que leur colère faisait naître la colère que le mépris qu'ils affectaient pour les philosophes excitait le mépris : de sorte qu'enfin il est arrivé entre les défenseurs & les ennemis du christianisme, ce qu'on avait vu entre toutes les communions ; on à écrit de part & d'autre avec emportement ; on a mêlé les outrages aux arguments.

De Barbeirac.

Barbeirac est le seul commentateur dont on fasse plus de cas que de son auteur. Il traduisit & commenta le fatras de Puffendorf ; mais il l'enrichit d'une préface qui fit seule débiter le livre. Il remonte dans cette préfa- aux sources de la morale, & il a la candeur hardie de faire voir que les pères de l'Eglise n'ont pas toujours connu cette morale pure, qu'ils l'ont défigurée par d'étranges allégories, comme lorsqu'ils disent que le lambeau de drap rouge exposé à la fenêtre par la cabaretière Raab, est visiblement le sang de Jésus-Christ ; que Moyse étendant les bras pendant la bataille contre les Amalécites est la croix sur laquelle Jésus expire ; que les baisers de la Sunamite sont le mariage de Jésus Christ avec son Eglise ; que la grande porte de l'arche de Noé désigne le corps humain, & la petite porte désigne l'anus.

Barbeirac ne peut souffrir en fait de morale qu'Augustin devienne persécuteur après avoir prêché la tolérance. Il condamne hautement les injures grossiéres que Jérome vomit contre ses adversaires, & surtout contre Rufin & contre Vigilantius. Il relève les contradictions qu'il remarque dans la morale des pères, & il s'indigne qu'ils aient quelquefois inspiré la haine de la patrie, comme Tertulien qui défend positivement aux chrétiens de porter les armes pour le salut de l'Empire.

Barbeirac eut de violents adversaires qui l'accusérent de vouloir détruire la réligion chrétienne, en rendant ridicules ceux qui l'avaient soutenue par des travaux infatigables. Il se défendit : mais il laissa paraître dans sa déffense un si profond mépris pous les pères de l'Eglise : il témoigne tant de dédain pour leur fausse éloquence & pour leur dialectique : il leur préfère si hautement Confucius, Socrate, Zaleucus, Cicéron, l'Empereur Antonin, Epictète, qu'on voit bien que Barbeirac est plutôt le zélé partisan de la justice éternelle & de la loi naturelle donnée de Dieu aux hommes, que l'adorateur des saints mistères du christianisme. S'il s'est trompé en pensant que Dieu est le père de tous les hommes, s'il a eu le malheur de ne pas voir que Dieu ne peut. aimer que les Chrétiens soumis de cœur & d'esprit, son erreur est du moins d'une belle ame ; & puisqu'il aimait les hommes, ce n'est pas aux hommes à l'insulter ; c'est à Dieu de le juger.

De Mademoiselle Hubert.

Mademoiselle Hubert était une femme de beaucoup d'esprit, & sœur de l'Abbé Hubert très connu de Mgr. vôtre père. Elle s'associa avec un grand Métaphysien pour écrire vers l'an 1740. le livre intitulé : *la Religion essentielle à l'homme*. Il faut convenir que malheureusement cette religion essentielle est le pur Théïsme tel que les Noachides le pratiquèrent, avant que Dieu eut daigné de faire un peuple chéri dans les déserts de Sinaï & d'Oreb, & lui donner des loix particuliéres. Selon Mademoiselle Hubert & son ami, la religion essentielle à l'homme doit être de tous les tems, de tous les lieux, & de tous les esprits. Tout ce qui est mistère est au dessus de l'homme, & n'est pas fait pour lui ; la pratique des vertus ne peut avoir aucun raport avec le dogme. La religion essentielle à l'homme est dans ce qu'on doit faire, & non dans ce qu'on ne peut comprendre. L'intolérance est à la religion essentielle, ce que la barbarie est à l'humanité, la cruauté à la douceur. Voilà le précis de tout le livre. L'auteur est trais abstrait : c'est une suite de lemmes & de théorèmes qui répandent quelquefois plus d'obscurité que de lumiéres. On a peine à suivre cette marche. Il est étonnant qu'une femme ait écrit en géomètre sur une matière si intéressante : peut-être a-t-elle voulu rebuter des lecteurs qui l'auraient persécutée, s'ils l'avaient entendue, & s'ils avaient eu du plaisir en la lisant. Comme elle était protestante, elle n'a guéres été lue que par des protestants, Un prédicant nommé Deroches l'a réfutée, & même assez poliment pour un prédicant. Les Ministres protestants, Monseigneur, devraient, ce me semble, être plus modérés avec les Théïstes, que les Evêques Catholiques & les Cardinaux ; car suposé un moment, ce qu'à Dieu ne plaise, que le Théïsme prévalut, qu'il n'y eût qu'un culte simple sous l'autorité des Loix & des Magistrats, que tout fût réduit à l'adoration de l'être suprême rémunérateur & vengeur, les pasteurs protestants n'y perdront rien ils resteront chargés de présider aux priéres publiques faites à l'être suprême, & seront toujours des Maîtres de morale ; on leur conservera leurs pensions, ou s'ils les perdent, cette perte sera bien modique. Leurs antagonistes, au contraire, ont de riches prélatures, ils sont Comtes, Ducs, Princes ; ils ont des souverainetés ; & quoique tant de grandeurs & de richesses conviennent mal peut-être aux successeurs des Apôtres, ils ne souffriront jamais qu'on les en dépouille : les droits temporels même qu'ils ont acquis sont tellement liés aujourd'hui à la constitution des Etats Catholiques, qu'on ne peut les en priver que par des secousses violentes.

Or le Théïsme est une religion sans entousiasme qui par elle même ne causera jamais de de révolution. Elle est erronée, mais elle est paisible. Tout ce qui est à craindre ; c'est que le Théïsme si universellement répandu, ne dispose insensiblement tous les esprits à mépriser le joug des Pontifes, & qu'à la première occasion la Magistrature ne les réduise à la fonction de prier Dieu pour le peule ; mais tant qu'ils feront modérés, ils feront respectés : il n'y a jamais que l'abus du pouvoir qui puisse énerver le pouvoir. Remarquons en effet, Monseigneur, que deux ou trois cent volumes de Théïsme n'ont jamais diminué d'un écu le revenu des Pontifes Catholiques Romains, & que deux ou trois écrits de Luther & de Calvin leur ont enlevé environ cinquante millions de rente. Une querelle de Théologie pouvait il y a deux cent ans bouleverser l'Europe : le Théïsme n'attroupera jamais quatre personnes. On peut même dire que cette religion en trompant les esprits, les adoucit, & qu'elle apaise les querelles que la vérité mal entendue a fait naître. Quoi qu'il en soit, je me borne à rendre à V. A. un compte fidèle. C'est à vous qu'il appartient de juger.

De Fréret.

L'illuftre, & profond Fréret était fécretaire perpétuel de l'Académie des Belles-Lettres de Paris. Il avait fait dans les langues Orientales, & dans les ténèbres de l'antiquité, autant de progrès qu'on en peut faire. En rendant juftice à fon immenfe érudition, & à fa probité, je fuis bien loin d'excufer fon hétérodoxie. Non feulement il était perfuadé avec St. Irenée que Jéfus était âgé de plus de cinquante ans, quand il foufrit le dernier fuplice ; mais il croyait avec le Targum qu'il n'était point né du tems d'Hérode, & qu'il faut raporter fa naiffance au tems du petit Roi Jannée fils d'Hircan. Les Juifs font les feuls qui ayent eu cette opinion finguliére; M. Fréret tâchait de l'appuyer, en prétendant que nos Evangiles n'ont été écrits que plus de quarante ans après l'année où nous plaçons la mort de Jéfus, qu'ils n'ont été faits qu'en des langues étrangères & dans des villes très éloignées de Jérufalem, comme Alexandrie, Corinthe, Ephéfe, Antioche, Ancyro, Theffalonique, toutes Villes d'un grand commerce, remplies de Thérapeutes, de difciples de Jean, de Judaïtes, de Galiléens divifés en plufieurs fectes. De là vient, dit-il, qu'il y eut un très grand nombre d'Evangiles tout différents les uns des autres ; chaque fociété particuculiére & cachée voulant avoir le fien. Fréret
pré-

prétend que les quatre qui font restés canoniques ont été écrits les derniers. Il croit en aporter des preuves incontestables ; c'est que les premiers Pères de l'Eglise citent très souvent des paroles qui ne se trouvent que dans l'Evangile des Egyptiens, ou dans celui des Nazaréens, ou dans celui de St. Jacques, & que Justin est le premier qui cite expressément les Evangiles reçus.

Si ce dangereux sistême était accrédité, il s'ensuivrait évidemment que les livres intitulés de Mathieu, de Jean, de Marc, & de Luc, n'ont été écrits que vers le tems de l'enfance de Justin, environ cent ans après notre ère vulgaire. Cela seul renverserait de fond en comble notre Réligion. Les Mahométans qui virent leur faux prophéte débiter les feuilles de son Koran & qui les virent après sa mort rédigées solemnellement par le Calife Abubeker, triompheraient de nous ; ils nous diraient : *Nous n'avons qu'un Alcoran, & vous avez eu cinquante Evangiles : nous avons précieusement conservé l'original, & vous avez choisi au bout de quelques siécles quatre Evangiles dont vous n'avez jamais connu les dates. Vous avez fait votre Réligion piéce à piéce, la notre a été faite d'un seul trait, comme la Création. Vous avez cent fois varié, & nous n'avons changé jamais.*

Graces au Ciel, nous ne sommes pas réduits à ces termes funestes. Où en serions nous, si ce que Fréret avance était vrai ? Nous avons affez de preuves de l'antiquité des quatre Evangiles : St. Irénée dit expreffement qu'il n'en faut que quatre.

J'avoue que Fréret reduit en poudre les pitoyables raifonnements d'Abadie. Cet Abadie prétend que les prémiers Chrêtiens mouraient pour les Evangiles, & qu'on ne meurt que pour la vérité. Mais cet Abadie reconnait que les premiers Chrêtiens avaient fabriqué de faux Evangiles: donc, felon Abadie même, les premiers Chrétiens mouraient pour le menfonge. Abadie devait confidérer deux chofes effentielles ; premiérement qu'il n'eft écrit nulle part que les premiers Martyrs ayent été interrogés par les Magiftrats fur les Evangiles ; fecondement qu'il y a des Martyrs dans toutes les Communions. Mais fi Fréret terraffe Abadie, il eft renverfé lui même par les miracles que nos quatre Saints Evangiles véritables ont opérés. Il nie les miracles, mais on lui opofe une nuée de témoins ; il nie les témoins, & alors il ne faut que le plaindre.

Je conviens avec lui qu'on s'eft fervi trop fouvent de fraudes pieufes ; je conviens qu'il eft dit dans l'apendix du premier Concile de Nicée que pour diftinguer tous les livres canoniques des faux, on les mit pêle-mêle fur une grande table, qu'on pria le St. Efprit de faire tomber à bas tous les apocrifes ; auffi tôt ils tombèrent, & il ne refta que les véritables.

J'avoue enfin que l'Eglife a été inondée de fauffes légendes : mais de ce qu'il y a eu des menfonges & de la mauvaife foi, s'enfuit-il qu'il n'y ait eû ni vérité ni candeur ? Certainement Fréret va trop loin ; il renverfe tout l'édifice au lieu de de le réparer ; il conduit comme tant d'autres le lecteur à l'adoration d'un feul Dieu, fans la médiation du Chrift. Mais du moins fon livre refpire une modération qui lui ferait prefque pardonner fes erreurs ; il ne prêche que l'indulgence & la tolérance ; il ne dit point d'injures cruelles aux Chrétiens comme Mylord Bolingbroke ; il ne fe moque point d'eux comme le Curé Rabelais & le Curé Swift. C'eft un Philofophe d'autant plus dangereux qu'il eft très inftruit, très conféquent, & très modefte. Il faut efpérer qu'il fe trouvera des Savants qui le réfuteront mieux qu'on n'a fait jufqu'à préfent.

Son plus terrible argument eft que fi Dieu avait daigné fe faire homme & Juif, & mourir en Paleftine par un fuplice infame, pour expier les crimes du genre humain, & pour bannir le péché de la terre, il ne devait plus y avoir ni péché ni crime : cependant, dit-il, les Chrétiens ont été des monftres cent fois plus abominables que tous les fectateurs des autres Religions enfemble ; il en aporte pour preuve évidente les maffacres, les roues, les gibets, & les buchers des Cevênes, & près de cent mille ames péries dans cette Province fous nos yeux ; les maffacres des

Vallées de Piémont, les massacres de la Valteline du temps de Charles Borromée, les massacres des Anabatistes massacreurs & massacrés en Allemagne, les massacres des Luthériens & des Papistes depuis le Rhin jusqu'au fond du Nord; les massacres d'Irlande, d'Angleterre, & d'Ecosse du tems de Charles I. massacré lui-même; les massacres ordonnés par Marie, & par Henri VIII. son pére, les massacres de la St. Barthélemi en France, & quarante ans d'autres massacres depuis François II. jusqu'à l'entrée de Henri IV. dans Paris; les massacres de l'inquisition peut-être plus abominables encore, parce qu'ils se font juridiquement; enfin les massacres de douze millions d'Habitans du nouveau Monde exécutés le crucifix à la main: sans compter tous les massacres faits précédemment au nom de Jésus-Christ depuis Constantin, & sans compter encore plus de vingt Schismes, & de vingt guerres de Papes contre Papes, & d'Evêques contre Evêques, les empoisonnemens, les assassinats, les rapines des Papes Jean XI, Jean XII, des Jean XVIII, des Grégoire VII., des Boniface VIII., des Alexandre VI., & de tant d'autres Papes qui passèrent de si loin en scélératesse les Néron, & les Caligula. Enfin il remarque que cette épouvantable chaine presque perpétuelle de guerres de Religion pendant quatorze cent années n'a jamais subsité que chez les Chrétiens, & qu'aucun peuple hors eux n'a fait couler une goute de fang pour des arguments de Théologie. On eſt forcé d'accorder à Mr. Fréret que tout cela eſt vrai; mais en faiſant le dénombrement des crimes qui ont éclaté; il oublie les vertus qui ſe ſont cachées; il oublie ſurtout que les horreurs infernales dont il fait un ſi prodigieux étalage, ſont l'abus de la religion Chrêtienne, & n'en ſont pas l'eſprit. Si Jéſus-Chriſt n'a pas détruit le péché ſur la terre, qu'eſt-ce que cela prouve? On en pourrait inférer tout au plus avec les Janſéniſtes que Jéſus-Chriſt n'eſt pas venu pour tous, mais pour pluſieurs, *pro vobis & pro multis*: mais ſans comprendre les hauts miſtères, contentons nous, Monſeigneur de les adorer.

De Boulanger.

Le *Chriſtianiſme dévoilé* du Sr. Boulanger, n'eſt pas écrit avec la méthode & la profondeur d'érudition & de critique qui caractériſent le ſavant Fréret. Boulanger eſt un philoſophe audacieux qui remonte aux ſources ſans daigner ſonder les ruiſſeaux. Ce philoſophe eſt auſſi chagrin qu'intrépide. Les horreurs dont tant d'Egliſes Chrêtiennes ſe ſont ſouillées depuis leur naiſſance; les lâches barbaries des Magiſtrats qui ont immolé tant d'honnêtes citoyens aux prêtres; les Princes qui pour leur plaire ont été d'infâmes perſécuteurs;

tant de folies dans les querelles Eccléfiaftiques, tant d'abominations dans ces querelles, les peuples égorgés ou ruinés, les trônes de tant de prêtres compofés des dépouilles & cimentés du fang des hommes ; ces guerres affreufes de religion dont le chriftianifme feul a inondé la terre ; ce cahos énorme d'abfurdités & de crimes, remue l'imagination du Sr. Boulanger avec une telle puiffance qu'il va dans quelques endroits de fon livre jufqu'à douter de la providence divine. Fatale erreur que les buchers de l'inquifition, & nos guerres religieufes excuferaient peut-être fi elle pouvait être excufable. Mais nul prétexte ne peut juftifier l'athéïfme. Quand tous les chrêtiens fe feraient égorgés les uns les autres, quand ils auraient dévoré les entrailles de leurs frères affaffinés pour des arguments, quand il ne refterait qu'un feul chrêtien fûr la terre, il faudrait qu'en regardant le foleil il reconnût & il adorât l'être éternel ; il pourrait dire dans fa douleur, mes pères & mes frères ont été des monftres, mais Dieu eft Dieu.

De Montefquieu.

Le plus modéré & le plus fin des philofophes a été le Préfident de Montefquieu. Il ne fut que plaifant dans fes Lettres Perfanes, il fut délié & profond dans son Esprit des Loix. Cet ouvrage rempli d'ailleurs de choses excellentes, & de fautes, semble fondé sur la loi naturelle & sur l'indifférence des religions: c'est là surtout ce qui lui fit tant de partisans & tant d'ennemis. Mais les ennemis cette fois furent vaincus par les philosophes. Un cri longtemps retenu s'éleva de tous côtés. On vit enfin à découvert les progrès du théisme qui jettait depuis longtemps de profondes racines. La Sorbonne voulut censurer l'Esprit des Loix; mais elle sentit qu'elle serait censurée par le public, elle garda le silence. Il n'y eut que quelques misérables écrivains obscurs, comme un Abbé Guion & un Jésuite, qui dirent des injures au président de Montesquieu, & ils en devinrent plus obscurs encore, malgré la célébrité de l'homme qu'ils attaquaient. Ils auraient rendu plus de service à notre religion, s'ils avaient combattu avec des raisons; mais ils ont été de mauvais avocats d'une bonne cause.

De La Métrie.

Depuis ce temps, ce fut un déluge d'écrits contre le christianisme. Le médecin La Métrie, le meilleur commentateur de Boerhave, abandonna la médecine du corps, pour se donner, disait-il, à la médecine de l'ame. Mais son Homme machine fit voir aux Théologiens qu'il ne donnait que du poison. Il était lecteur du Roi de Prusse, & membre de son académie de Berlin. Le Monarque content de ses mœurs & de ses services, ne daigna pas songer si La Métrie avait eu des opinions erronées en théologie, il ne pensa qu'au Physicien, à l'Académicien ; & en cette qualité La Métrie eut l'honneur que ce Héros philosophe daignât faire son éloge funéraire. Cet éloge fut lu à l'Académie par un sécretaire de ses commandements. Un Roi gouverné par un Jésuite eût pu proscrire La Métrie & sa mémoire ; un Roi qui n'était gouverné que par la raison, sépara le philosophe de l'impie : & laissant à Dieu le soin de punir l'impieté, protégea & loua le mérite.

Du Curé Meslier.

Le Curé Meslier est le plus singulier phénomène qu'on ait vu parmi tous ces météores funestes à la Réligion chrêtienne. Il était curé du village d'Etrépigni en Champagne près de Rocroy, & desservait aussi une petite paroisse annexe nommée But. Son père était un ouvrier en serge du village de Mazerni dépendant du Duché de Rethel. Cet homme de mœurs irréprochables & assidu à tous ses devoirs, donnait tous les ans aux pauvres

vres de ses paroisses ce qui lui restait de son revenu. Il mourut en 1733 âgé de cinquante-cinq ans. On fut bien surpris de trouver chez lui trois gros manuscrits de trois cent soixante & six feuillets chacun, tous trois de sa main, & signés de lui, intitulés, *mon Testament*. Il avait écrit sur un papier gris qui envelopait un des trois exemplaires adressés à ses paroissiens, ces paroles remarquables :

„ J'ai vu & reconnu les erreurs, les abus,
„ les vanités, les folies, les méchancetés des
„ hommes. Je les hais & déteste ; je n'ai
„ osé le dire pendant ma vie, mais je le
„ dirai au moins en mourant ; & c'est afin
„ qu'on le sache que j'écris ce présent mé-
„ moire, afin qu'il puisse servir de témoigna-
„ ge à la vérité à tous ceux qui le verront &
„ qui le liront, si bon leur semble.

Le corps de l'ouvrage est une réfutation naïve & grossière de tous nos dogmes sans en excepter un seul. Le stile est très rebutant, tel qu'on devait l'attendre d'un Curé de village. Il n'avait eu d'autre secours pour composer cet étrange écrit contre la Bible & contre l'Eglise que la Bible elle même & quelques pères. Des trois exemplaires il y en eut un que le grand Vicaire de Reims retint : un autre fut envoyé à Mr. le Garde des Sceaux Chauvelin, le troisième resta au Greffe de la Justice du lieu.

Le Comte de Caïlus eut quelque temps entre les mains une de ces trois copies; & bientôt après il y en eut plus de cent dans Paris que l'on vendait dix Louis la piéce. Plufieurs curieux confervent encore ce trifte & dangereux monument. Un prêtre qui s'accufe en mourant d'avoir profeffé & enfeigné la Réligion chrétienne, fit une impreffion plus forte fur les efprits que les penfées de Pafcal.

On devait plutôt, ce me femble, réfléchir fur le travers d'efprit de ce mélancolique prêtre, qui voulait délivrer fes Paroiffiens du joug d'une Réligion prêchée vingt ans par lui-même. Pourquoi adreffer ce teftament à des hommes agreftes qui ne favaient pas lire? & s'ils avaient pu lire, pourquoi leur ôter un joug falutaire, une crainte néceffaire qui feule peut prévenir les crimes fecrets? La croyance des peines & des récompenfes après la mort eft un frain dont le peuple a befoin. La Réligion bien épurée ferait le premier lien de la Société.

Ce Curé voulait anéantir toute Réligion, & même la naturelle. Si fon livre avait été bien fait, le caractère dont l'Auteur était revêtu en aurait trop impofé aux Lecteurs. On en a fait plufieurs petits abrégés, dont quelques-uns ont été imprimés; ils font heureufement purgés du poifon de l'Athéïfme.

Ce qui eft encor plus furprenant, c'eft que dans le même temps il y eut un Curé de bonne nouvelle auprès de Paris, qui ofa de fon vivant écrire contre la Réligion qu'il était chargé d'enfeigner ; il fut exilé fans bruit par le Gouvernement. Son manufcrit eft d'une rareté extrême.

Longtemps avant ce temps-là, l'Evêque du Mans Lavardin avait donné en mourant un exemple non moins fingulier ; il ne laiffa pas à la vérité de teftament contre la Réligion qui lui avait procuré un Evêché ; mais il déclara qu'il la déteftait ; il refufa les Sacrements de l'Eglife, & jura qu'il n'avait jamais confacré le pain & le vin en difant la Meffe, ni eu aucune intention de batifer les enfans & de donner les ordres quand il avait batifé des Chrétiens & ordonné des diacres & des prêtres. Cet Evêque fe faifait un plaifir malin d'embaraffer tous ceux qui auraient reçu de lui les Sacrements de l'Eglife : il riait en mourant des fcrupules qu'ils auraient, & il jouiffait de leurs inquiétudes : on décida qu'on ne rebatiferait & qu'on ne réordonnerait perfonne ; mais quelques prêtres fcrupuleux fe firent ordonner une feconde fois : du moins l'Evêque Lavardin ne laiffa point après lui de monument contre la Réligion chrétienne : c'était un voluptueux qui riait de tout, au lieu que le Curé Meflier était un homme fombre & un enthoufiafte ; d'une vertu rigide, il eft vrai, mais plus dangereux par cette vertu même.

D 6

HUITIEME LETTRE.

Sur l'Enciclopédie.

Monseigneur,

Votre Alteſſe demande quelques détails ſur l'Enciclopédie ; j'obéis à vos ordres. Cet immenſe projet fut conçu par Meſſieurs Diderot & d'Alembert, deux Philoſophes qui font honneur à la France ; l'un a été diſtingué par les généroſités de l'Impératrice de Ruſſie, & l'autre par le refus d'une fortune éclatante offerte par cette Impératrice, mais que ſa philoſophie même ne lui a pas permis d'accepter. Monſieur le Chevalier de Jaucourt d'une ancienne maiſon qu'il illuſtre par ſes vaſtes connaiſſances comme par ſes vertus, ſe joignit à ces deux Savants, & ſe ſignala par un travail infatigable.

Ils furent aidés par Mr. le Comte d'Hérouville, Lieutenant Général des armées du Roi, profondément inſtruit dans tous les Arts qui peuvent tenir à vôtre grand art de la guerre ; par Mr. le Comte du Treſſan, auſſi Lieutenant Général, dont les différents mérites ſont univerſellement reconnus ; par Mr. de St. Lambert ancien Officier, qui en faiſant des vers mieux que Chapelle, n'en a pas moins aprofondi ce qui regarde les armes. Plusieurs autres Officiers Généraux ont donné d'excellents mémoires de Tactique.

D'habiles ingénieurs ont enrichi ce Dictionnaire de tout ce qui concerne l'attaque & la défense des places. Des Présidents & des Conseillers des Parlement ont fourni plusieurs articles sur la Jurisprudence. Enfin, il n'y a point de science, d'art, de profession, dont les plus grands Maitres n'ayent à l'envi enrichi ce Dictionnaire. C'est le premier exemple & le dernier peut-être sur la terre, qu'une foule d'hommes supérieurs, se soient impressés sans aucun intérêt, sans aucune vue particuliére, sans même celle de la gloire (puisque quelques-uns se sont cachés) à former ce dépot immortel des connaissances de l'esprit humain.

Cet ouvrage fut entrepris sous les auspices & sous les yeux du Comte d'Argenson, Ministre d'Etat capable de l'entendre & digne de le protéger. Le vestibule de ce prodigieux édifice est un discours préliminaire composé par Mr. d'Alembert. J'ose dire hardiment que ce discours aplaudi de toute l'Europe, parut supérieur à la méthode de Descartes, & égal à tout ce que l'illustre Chancelier Bacon avait écrit de mieux. S'il y a dans le corps de l'ouvrage des articles frivoles, & d'autres qui sentent plutôt le déclamateur que le philosophe, ce défaut est bien réparé par la quantité prodigieuse d'articles profonds & utiles. Les éditeurs ne purent refuser quelques jeune gens qui voulurent dans cette collection mettre leurs essais à coté des chef-d'œuvres des maîtres : on laissa gâter ce grand ouvrage par politesse ; c'est le salon d'Apollon où des peintres médiocres ont quelquefois mêlé leurs tableaux à ceux des Vanlo & des Lemoine. Mais Vôtre Altesse a bien dû s'apercevoir en parcourant l'Enciclopédie, que cet ouvrage est précisément le contraire des autres collections, c'est-à-dire que le bon l'emporte de beaucoup sur le mauvais.

Vous sentez bien que dans une ville telle que Paris, plus remplie de gens de lettres que ne le furent jamais Athènes & Rome, ceux qui ne furent pas admis à cette entreprise importante s'élevèrent contre elle. Les Jésuites commencèrent ; ils avaient voulu travailler aux articles de théologie, & ils avaient été refusés. Il n'en fallait pas plus pour accuser les Enciclopédistes d'irréligion, c'est la marche ordinaire. Les Jansénistes voyant que leurs rivaux sonnaient l'allarme ne restèrent pas tranquiles. Il fallait bien montrer plus de zèle que ceux auxquels ils avaient tant reproché une morale commode.

Si les Jésuites crièrent à l'impiété, les Jansénistes heurlèrent. Il se trouva un convulsonnaire ou convulsioniste nommé Abraham Chaumeix, qui présenta à des magistrats une accusation en forme, intitulée Préjugés légitimes contre l'Enciclopédie, dont le premier tome paraissait à peine ; c'était un étrange assemblage que ces mots de *préjugé*, qui signifie proprement illusion, & *légitime* qui ne convient qu'à ce qui est raisonnable. Il poussa ses préjugés très illégitimes jusqu'à dire que si le venin ne paraissait pas dans le premier volume, on l'apercevrait sans doute dans les suivants. Il rendait les Enciclopédistes coupables, non pas de ce qu'ils avaient dit, mais de ce qu'ils diraient.

Comme il faut des témoins dans un procès criminel, il produisait St. Augustin & Cicéron ; & ces témoins étaient d'autant plus irréprochables qu'on ne pouvait convaincre Abraham Chaumeix d'avoir eu avec eux le moindre commerce. Les cris de quelques énergumènes joints à ceux de cet insensé, excitèrent une assez longue persécution ; mais qu'est-il arrivé ? la même chose qu'à la saine philosophie, à l'émétique, à la circulation du sang, à l'inoculation : tout cela fut proscrit pendant quelque temps, & a triomphé enfin de l'ignorance, de la bêtise & de l'envie ; le Dictionnaire Enciclopédique, malgré ses défauts, a subsisté, & Abraham Chaumeix est allé cacher sa honte à Moscou. On dit que l'Impératrice l'a forcé à être sage ; c'est un des prodiges de son règne.

NEUVIEME LETTRE.

Sur les Juifs.

DE tous ceux qui ont attaqué la Réligion chrétienne dans leurs écrits, les Juifs feraient peut-être les plus à craindre ; & si on ne leur opposait pas les miracles de nôtre Seigneur Jésus-Christ, il serait fort difficile à un savant médiocre de leur tenir tête. Ils se regardent comme les fils ainés de la maison, qui en perdant leur héritage ont conservé leurs titres. Ils ont employé une sagacité profonde à expliquer toutes les prophéties à leur avantage. Ils prétendent que la loi de Moyse leur a été donnée pour être éternelle ; qu'il est impossible que Dieu ait changé, & qu'il se soit parjuré ; que nôtre Sauveur lui-même en est convenu. Ils nous objectent que selon Jésus-Christ aucun point, aucun iota de la loi ne doit être transgressé ; que Jésus était venu pour accomplir la loi, & non pour l'abolir ; qu'il en a observé tous les commandements ; qu'il a été circoncis ; qu'il a gardé le sabbath, solemnisé toutes les fêtes ; qu'il est né Juif, qu'il a vécu Juif, qu'il est mort Juif ; qu'il n'a jamais institué une Réligion nouvelle ; que nous n'avons pas une seule ligne de lui ;

que c'eſt nous, & non pas lui qui avons fait la Réligion chrêtienne.

Il ne faut pas qu'un Chrêtien hazarde de diſputer contre un Juif, à moins qu'il ne ſache la langue Hébraïque comme ſa langue maternelle : ce qui ſeul peut le mettre en état d'entendre les Prophéties & de répondre aux Rabins. Voici comme s'exprime Joſeph Scaliger dans ſes Excerpta. ,, Les Juifs ſont ſubtils ;
,, que Juſtin a écrit miſérablement contre Triphon ! & Tertulien plus mal encore ! Qui veut
,, réfuter les Juifs doit connaître à fond le Judaïſme. Quelle honte ! Les Chrêtiens écri-
,, vent contre les Chrêtiens, & n'oſent écrire
,, contre les Juifs.

Le Toldos Jeſchut eſt le plus ancien écrit Juif qui nous ait été tranſmis contre nôtre Réligion. C'eſt une vie de Jéſus-Chriſt toute contraire à nos Saints Evangiles ; elle parait être du premier ſiècle, & même écrite avant les Evangiles ; car l'Auteur ne parle pas d'eux : & probablement il aurait tâché de les réfuter s'il les avait connus. Il fait Jéſus fils adultérin de Miriah ou Mariah & d'un ſoldat nommé Joſeph Pander ; il raconte que lui & Judas voulurent chacun ſe faire chef de Seɛte ; que tous deux ſemblaient opérer des prodiges par la vertu du nom de Jéhova qu'ils avaient apris à prononcer comme il le faut pour faire les conjurations. C'eſt un ramas de rêveries

Rabiniques fort au deſſous des Mille & une nuits. Origène le réfuta, & c'était le ſeul qui le pouvait faire ; car il fut preſque le ſeul père Grec ſavant dans la langue Hébraïque.

Les Juifs Théologiens n'écrivirent guères plus raiſonnablement juſqu'au onziéme ſiècle : alors éclairés par les Arabes devenus la ſeule nation ſavante, ils mirent plus de jugement dans leurs ouvrages : ceux du Rabin Aben Eſra furent très eſtimés : il fut chez les Juifs le fondateur de la raiſon autant qu'on la peut admettre dans les diſputes de ce genre. Spinoſa s'eſt beaucoup ſervi de ſes ouvrages.

Longtemps après Aben-Eſra vint Maimonides au treiziéme ſiècle : il eut encor plus de réputation. Depuis ce temps-là juſqu'au ſeiziéme, les Juifs eurent des livres intelligibles, & par conſequent dangereux ; ils en inprimèrent quelques-uns dès la fin du ſiècle quinziéme. Le nombre de leurs manuſcrits était conſiderable. Les Théologiens Chrétiens craignirent la ſeduction ; ils firent bruler les livres Juifs ſur leſquels ils purent mettre la main ; mais ils ne purent ni trouver tous les livres, ni convertir jamais un ſeul homme de cette Réligion. On a vû, il eſt vrai, quelques Juifs feindre d'abjurer, tantôt par avarice, tantôt par terreur ; mais aucun n'a jamais embraſſé le Chriſtianiſme de bonne foi : un Carthaginois aurait plutôt pris le parti de Rome qu'un Juif ne se serait fait Chrétien. Orobio parle de quelques Rabins Espagnols & Arabes qui abjurèrent & devinrent Evêques en Espagne ; mais il se garde bien de dire qu'ils eussent renoncé de bonne foi à leur Réligion.

Les Juifs n'ont point écrit contre le Mahométisme ; ils ne l'ont pas à beaucoup près dans la même horreur que nôtre doctrine, la raison en est évidente ; les Musulmans ne font point un Dieu de Jésus-Christ.

Par une fatalité qu'on ne peut assez déplorer, plusieurs Savants Chrétiens ont quitté leur Réligion pour le Judaïsme. Rittangel Professeur des langues Orientales à Kœnigsberg dans le 17. siècle embrassa la loi Mosaïque. Antoine, Ministre à Genève, fut brulé pour avoir abjuré le Christianisme en faveur du Judaïsme en 1632. Les Juifs le comptent parmi les martyrs qui leur font le plus d'honneur. Il fallait que sa malheureuse persuasion fût bien forte, puisqu'il aima mieux souffrir le plus affreux suplice que se rétracter.

On lit dans le Nissachon Vetus, c'est-à-dire, le livre de l'ancienne victoire, un trait concernant la supériorité de la loi Mosaïque sur la Chrêtienne & sur la Persanne, qui est bien dans le goût oriental. Un Roi ordonne à un Juif, à un Galiléen & à un Mahométan de quitter chacun sa Réligion, & leur laisse la liberté de choisir une des deux autres ; mais s'ils ne changent pas, le bourreau est là qui va leur trancher la tête. Le Chrétien dit, Puisqu'il faut mourir ou changer, j'aime mieux être de la Réligion de Moyse que de celle de Mahomet, car les Chrétiens sont plus anciens que les Musulmans, & les Juifs plus anciens que Jésus; je me faits donc Juif. Le Mahométan dit, Je ne puis me faire chien de Chrétien, j'aime encor mieux me faire chien de Juif, puisque ces Juifs ont le droit de primauté. Sire, dit le Juif, Vôtre Majesté voit bien que je ne puis embrasser ni la loi du Chrétien, ni celle du Mahométan, puisque tous deux ont donné la préférence à la mienne. Le Roi fut touché de cette raison, renvoya son bourreau, & se fit Juif. Tout ce qu'on peut inférer de cette historiette, c'est que les princes ne doivent pas avoir des bourreaux pour Apôtres.

Cedendant, les Juifs ont eu des docteurs rigides & scrupuleux, qui ont craint que leurs compatriotes ne se laissassent subjuguer par les Chrétiens. Il y a eu entr'autres un Rabin nommé Beccai, dont voici les paroles: *Les sages défendent de prêter de l'argent à un chrétien, de peur que le créancier ne soit corrompu par le débiteur. Mais un Juif peut emprunter d'un Chrétien sans crainte d'être séduit par lui, car le débiteur évite toujours son créancier.*

Malgré ce beau conseil les Juifs ont toujours

prêté à une grosse usure aux chrétiens, & n'en ont pas été plus convertis.

Après le fameux Nissachon Vétus, nous avons la rélation de la dispute du Rabin Zéchiel, & du Dominicain frère Paul dit Ciriaque. C'est une conférence tenue entre ces deux savants hommes en 1263. en présence de Dom Jaques Roi d'Arragon & de la Reine sa femme. Cette conférence est très mémorable. Les deux Athlètes étaient savants dans l'hébreu & dans l'antiquité. Le Talmud, le Targum, les archives du Sanhédrin étaient sur la table. On expliquait en Espagnol les endroits contestés. Zéchiel soutenait que Jésus avait été condamné sous le Roi Aléxandre Jannée, & non sous Hérode le Tétrarque, conformément à ce qui est raporté dans le Toldos Jeschut & dans le Talmud. Vos Evangiles, disait-il, n'ont été écrits que vers le commencement de vôtre second siècle, & ne sont point autentiques comme nôtre Talmud. Nous n'avons pu crucifier celui dont vous nous parlés du temps d'Hérode le Tétrarque, puisque nous n'avions pas alors le droit du glaive: nous ne pouvons l'avoir crucifié, puisque ce suplice n'était point en usage parmi nous? Nôtre Talmud porte que celui qui périt du temps de Jannée fut condamné à être lapidé. Nous ne pouvons pas plus croire vos Evangiles que les Lettres prétendues de Pilate que vous avez suposées. Il était aisé de renverser cette vaine érudition Rabinique. La Reine finit la difpute en demandant aux Juifs pourquoi ils puaient ?

Ce même Zéchiel eut encor plufieurs autres conférences dont un de fes difciples nous rend compte. Chaque parti s'attribua la victoire, quoiqu'elle ne pût être que du côté de la vérité.

Le *Rempart de la foi* écrit par un Juif nommé Ifaac, trouvé en Afrique, eft bien fupérieur à la rélation de Zéchiel qui eft très confufe, & remplie de puérilités. Ifaac eft methodique & très bon dialecticien : jamais l'erreur n'eut peut-être un plus grand apui. Il a raffemblé fous cent propofitions toutes les difficultés que les incrédules ont prodiguées depuis.

C'eft-là qu'on voit les objections contre les deux Généalogies de Jéfus-Chrift qui font différentes l'une de l'autre.

Contre toutes les citations des paffages des Prophétes qui ne fe trouvent point dans les livres Juifs.

Contre la Divinité de Jéfus-Chrift, qui n'eft pas expreffément annoncée dans les Evangiles; mais qui n'en eft pas moins prouvée par les faints Conciles.

Contre l'opinion que Jéfus n'avait point de frères ni de fœurs.

Contre les différentes rélations des Evangéliftes que l'on a cependant conciliées.

Contre l'hiftoire du Lazare.

Contre les prétendues falsifications des anciens livres canoniques.

Enfin les incrédules les plus déterminés n'ont presque rien allégué qui ne soit dans ce rempart de la foi du Rabin Isaac. On ne peut faire un crime aux Juifs d'avoir essayé de soutenir leur antique Réligion aux dépens de la nôtre : on ne peut que les plaindre ; mais quels reproches ne doit-on pas faire à ceux qui ont profité des disputes des Chrétiens & des Juifs pour combattre l'une & l'autre Réligion ! Plaignons ceux qui effrayés de dix-sept siècles de contradictions, & lassés de tant de disputes, se sont jettés dans le Théïsme, & n'ont voulu admettre qu'un Dieu avec une morale pure. S'ils ont conservé la charité, ils ont abandonné la foi ; ils ont crû être hommes au lieu d'être Chrétiens. Ils devaient être soumis, & ils n'ont aspiré qu'à être sages ? Mais combien la folie de la croix est-elle supérieure à cette sagesse ! comme dit l'Apôtre Paul.

D'Orobio.

Orobio était un Rabin si savant qu'il n'avait donné dans aucune des rêveries qu'on reproche à tant d'autres Rabins ; profond sans être obscur, possédant les belles-Lettres, homme d'un esprit agréable, & d'une extrême politesse. Philippe Limborch Théologien du parti des

Arminiens dans Amſterdam, fit connaiſſance avec lui vers l'an 1685 ils diſputèrent long-temps enſemble, mais ſans aucune aigreur, & comme deux amis qui veulent s'éclairer. Les converſations éclairciſſent bien rarement les ſujets qu'on traite; il eſt difficile de ſuivre toujours le même objet & de ne pas s'égarer; une queſtion en amène une autre. On eſt tout étonné au bout d'un quart d'heure de ſe trouver hors de ſa route. Ils prirent le parti de mettre par écrit les objections & les réponſes, qu'ils firent enſuite imprimer tous deux en 1687. C'eſt peut-être la première diſpute entre deux Théologiens dans laquelle on ne ſe ſoit pas dit des injures; au contraire les deux adverſaires ſe traitent l'un & l'autre avec reſpect.

Limborch réfute les ſentiments du très ſavant & très illuſtre Juif, qui réfute avec les mêmes formules les opinions du très ſavant & très illuſtre Chrêtien. Orobio même ne parle jamais de Jéſus-Chriſt qu'avec la plus grande circonſpection. Voici le précis de la diſpute.

Orobio ſoutient d'abord que jamais il n'a été ordonné aux Juifs par leur loi de croire à un Meſſie.

Qu'il n'y a aucun paſſage dans l'ancien Teſtament qui faſſe dépendre le ſalut d'Iſraël de la foi au Meſſie.

Qu'on ne trouve nulle part qu'Iſraël ait été menacé de n'être plus le peuple choiſi s'il ne croyait pas au futur Meſſie.   Que

Que dans aucun endroit il n'eſt dit que la loi Judaïque ſoit l'ombre & la figure d'une autre loi; qu'au contraire il eſt dit par-tout que la loi Moyſe doit être éternelle.

Que tout prophète même qui ferait des miracles pour changer quelque choſe à la loi Moſaïque, devait être puni de mort.

Qu'à la vérité quelques Prophétes ont prédit aux Juifs dans leurs calamités, qu'ils auraient un jour un libérateur; mais que ce libérateur ferait le ſoutien de la loi Moſaïque au lieu d'en être le deſtructeur.

Que les Juifs attendent toujours un Meſſie, lequel ſera un Roi puiſſant & juſte.

Qu'une preuve de l'immutablité éternelle de la Réligion Moſaïque eſt que les Juifs diſperſés ſur toute la terre, n'ont jamais cependant changé une ſeule virgule à leur loi, & que les Iſraëlites de Rome, d'Angleterre, de Hollande, d'Allemagne, de Pologne, de Turquie, de Perſe, ont conſtamment tenu la même doctrine depuis la priſe de Jéruſalem par Titus, ſans que jamais il ſe ſoit élevé parmi eux la plus petite Secte qui ſe ſoit écartée d'une ſeule obſervance, & d'une ſeule opinion de la nation Iſraëlite.

Qu'au contraire, les Chrêtiens ont été diviſés entre eux dès la naiſſance de leur Réligion.

Qu'ils ſont encor partagés en beaucoup plus de Sectes qu'ils n'ont d'Etats, & qu'ils ſe ſont pourſuivis à feu & à ſang les uns les autres pen-

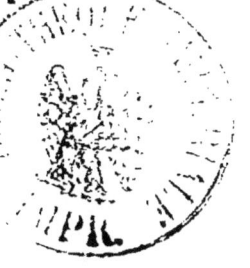

dant plus de douze siècles entiers ; que si l'Apôtre Paul trouva bon que les Juifs continuassent à observer tous les préceptes de leur loi, les Chrétiens d'aujourd'hui ne devaient pas leur reprocher de faire ce que l'Apôtre Paul leur a permis.

Que ce n'est point par haine & par malice qu'Israël n'a point reconnu Jésus ; que ce n'est point par des vues basses & charnelles que les Juifs sont attachés à leur loi ancienne ; qu'au contraire, ce n'est que dans l'espoir des biens célestes qu'ils lui sont fidèles, malgré les persécutions des Babiloniens, des Siriens, des Romains, malgré leur dispersion & leur oprobre, malgré la haine de tant de nations, & que l'on ne doit point appeller charnel un peuple entier qui est le martyr de Dieu depuis près de quarante siècles.

Que ce sont les Chrétiens qui ont attendu des biens charnels, témoin presque tous les premiers pères de l'Eglise qui ont espéré de vivre mille ans dans une nouvelle Jérusalem au milieu de l'abondance & de tous les délices du corps.

Qu'il est impossible que les Juifs ayant crucifié le vrai Messie, attendu que les Prophètes disent expressément que le Messie viendra purger Israël de tout péché, qu'il ne laissera pas une seule souillure en Israël ; que ce serait le plus horrible péché & la plus abominable souillure, ainsi que la contradiction la plus palpable, que Dieu envoyat son Messie pour être crucifié.

Que les préceptes du Décalogue étant parfaits, toute nouvelle miffion était entiérement inutile.

Que la loi Mofaïque n'a jamais eu aucun fens miſtique.

Que ce ferait tromper les hommes de leur dire des chofes que l'on devrait entendre dans un fens différent de celui dans lequel elles ont été dites.

Que les Apôtres Chrêtiens n'ont jamais égalé les miracles de Moyfe. Que les Evangéliſtes & les Apôtres n'étaient point des hommes ſimples; puiſque Luc était médecin, que Paul avait étudié fous Gamaliel, dont les Juifs ont confervé les écrits.

Qu'il n'y avait point du tout de fimplicité & d'idiotifme à fe faire aporter tout l'argent de leurs néophites; que Paul loin d'être un homme ſimple, ufa du plus grand artifice en venant factifier dans le Temple, & en jurant devant Feſtus & Agrippa qu'il n'avait rien fait contre la circoncifion, & contre la loi du judaïfme.

Qu'enfin les contradictions qui fe trouvent dans les Evangiles prouvent que ces livres n'ont pû être inſpirés de Dieu.

Limborch répond à toutes ces affertions par les arguments les plus forts que l'on puiffe employer. Il eut tant de confiance dans la bonté de fa caufe qu'il ne balança pas à faire imprimer cette célèbre difpute; mais comme il était du parti des Arminiens, celui des Gomariſtes le perſécuta : on lui reprocha d'avoir expoſé les vérités de la Réligion Chrêtienne à un combat dont ſes ennemis pouraient triompher. Orobio ne fut point perſécuté dans la Sinagogue.

D'Uriel Acoſta

Il arriva à Uriel Acoſta dans Amſterdam à peu près la même choſe qu'à Spinoſa : il quitta dans Amſterdam le Judaïſme pour la Philoſophie. Un Eſpagnol & un Anglais s'étant adreſſés à lui pour ſe faire Juifs, il les détourna de ce deſſein, & leur parla contre la Réligion des Hébreux : il fut condamné à recevoir trente-neuf coups de fouët à la colonne, & à ſe proſterner enſuite ſur le ſeuil de la porte; tous les aſſiſtans paſſèrent ſur ſon corps.

Il fit imprimer cette avanture dans un petit livre que nous avons encor, & c'eſt là qu'il profeſſe n'être ni Juif, ni Chrétien, ni Mahométan, mais adorateur d'un Dieu. Son petit livre eſt intitulé : *Exemplaire de la vie humaine*. Le même Limborch réfuta Uriel Acoſta, comme il avait réfuté Orobio; & le Magiſtrat d'Amſterdam ne ſe mêla en aucune manière de ces querelles.

DIXIEME LETTRE.

Sur Spinosa.

Monseigneur,

Il me semble qu'on a souvent aussi mal jugé la personne de Spinosa que ses ouvrages. Voici ce qu'on dit de lui dans deux Dictionnaires historiques :

„ Spinosa avait un tel désir de s'immorta-
„ liser qu'il eût sacrifié volontiers à cette gloi-
„ re la vie présente, eût-il fallu être mis en
„ piéces par un peuple mutiné : les absurdi-
„ tés du Spinosisme ont été parfaitement ré-
„ futées par Jean Bredenbourg bourgeois de
„ Rotterdam.

Autant de mots autant de faussetés. Spinosa était précisément le contraire du portrait qu'on trace de lui. On doit détester son Atheïsme, mais on ne doit pas mentir sur sa personne. Jamais homme ne fut plus éloigné en tout sens de la vaine gloire, il le faut avouer ; ne le calomnions pas en la condamnant. Le Ministre Colérus qui habita longtemps la propre chambre où Spinosa mourut, avoue avec tous ses contemporains, que Spinosa vécut toujours dans une profonde retraite, cherchant à se dérober au monde, ennemi de toute fuperfluité, modeste dans la conversation, négligé dans ses habillements, travaillant de ses mains, ne mettant jamais son nom à aucun de ses ouvrages : ce n'est pas là le caractère d'un ambitieux de gloire.

A l'égard de Bredenbourg, loin de le réfuter parfaitement bien, j'ose croire qu'il le réfuta parfaitement mal ; j'ai lû cet ouvrage, & j'en laisse le jugement à quiconque comme moi aura la patience de le lire. Bredenbourg fut si loin de confondre nettement Spinosa, que lui-même effrayé de la faiblesse de ses réponses, devint malgré lui le disciple de celui qu'il avait attaqué : grand exemple de la misere & de l'inconstance de l'esprit humain.

La vie de Spinosa est écrite assez en détail, & assez connue pour que je n'en raporte rien ici. Que Vôtre Altesse me permette seulement de faire avec elle une réflexion sur la maniére dont ce Juif jeune encor fut traité par la Sinagogue. Accusé par deux jeunes gens de son âge de ne pas croire à Moyse, on commença, pour le remettre dans le bon chemin, par l'assassiner d'un coup de couteau au sortir de la Comédie : quelques-uns disent au sortir de la Sinagogue, ce qui est plus vraisemblable.

Après avoir manqué son corps, on ne voulut pas manquer son ame ; il fut procédé à l'excommunication majeure, au grand anathéme, au Chammata. Spinofa prétendit que les Juifs n'étaient pas en droit d'exercer cette efpèce de jurifdictions dans Amsterdam. Le Confeil de Ville renvoya la décifion de cette affaire au Confiftoire des Pafteurs; ceux-ci conclurent que fi la Sinagogue avait ce droit, le Confiftoire en jouïrait à plus forte raifon : le Confiftoire donne gain de caufe à la Sinagogue.

Spinofa fut donc proscrit par les Juifs avec la grande cérémonie : le chantre Juif entonna les paroles d'exécration; on fonna du cor, on renverfa goute à goute des bougies noires dans une cuve pleine de fang; on dévoua Benoit Spinofa à Belzébuth, à Sathan, & à Aftaroth, & toute la Sinagogue cria amen!

Il eft étrange qu'on ait permis un tel acte de jurifdiction qui reffemble plutôt à un Sabbath de forciers qu'à un jugement intègre. On peut croire que fans le coup de couteau & fans les bougies noires éteintes dans le fang, Spinofa n'eût jamais écrit contre Moyfe & contre Dieu. La perfécution irrite; elle enhardit quiconque fe fent du génie; elle rend irréconciliable celui que l'indulgence aurait retenu.

Spinofa renonça au Judaïfme, mais fans fe faire jamais Chrêtien. Il ne publia fon Traité des cérémonies fuperftitieufes, autrement *Tractatus Theologico politicus*, qu'on 1670. environ huit ans après fon excommunication. On a prétendu trouver dans ce livre les femences de son Athéïsme, par la même raison qu'on trouve toujours la phisionomie mauvaise à un homme qui a fait une méchante action. Ce livre est si loin de l'Athéïsme, qu'il y est souvent parlé de Jésus-Christ comme de l'envoye de Dieu. Cet ouvrage est très profond, & le meilleur qu'il ait fait; j'en condamne sans doute les sentimens, mais je ne puis m'empêcher d'en estimer l'érudition. C'est lui, ce me semble, qui a remarqué le premier que le mot Hébreu *Ruhag*, que nous traduisons par *ame*, signifiait chez les Juifs le vent, le soufle, dans son sens naturel; que tout ce qui est grand portait le nom de divin; les cèdres de Dieu; les vents de Dieu; la mélancolie de Saül mauvais esprit de Dieu; les hommes vertueux enfans de Dieu.

C'est lui qui le premier a dévelopé le dangereux sistême d'Aben-Esra, que le Pentateuque n'a point été écrit par Moyse, ni le livre de Josué par Josué: ce n'est que d'après lui que Le Clerc, plusieurs Théologiens de Hollande, & le célèbre Neuton, ont embrassé ce sentiment.

Neuton diffère de lui seulement en ce qu'il attribue à Samuel les livres de Moyse, au lieu que Spinosa en fait Esdras auteur. On peut voir toutes les raisons que Spinosa donne de son sistême dans son 8, 9 & 10. chapitre; on y trouve beaucoup d'exactitude dans la Chronologie; une grande science de l'histoire, du langage

gage & des mœurs de son ancienne patrie ; plus de méthode & de raisonnement que dans tous les Rabins ensemble. Il me semble que peu d'écrivains avant lui avaient prouvé nettement que les Juifs reconnaissaient des Prophêtes chez les Gentils : en un mot, il a fait un usage coupable de ses lumiéres, mais il en avait de très grandes.

Il faut chercher l'Athéïsme dans les anciens Philosophes ; on ne le trouve à découvert que dans les Oeuvres posthumes de Spinosa. Son traité de l'Athéïsme n'étant point sous ce titre, & étant écrit dans un Latin obscur, & d'un stile très sec, Mr. le Comte de Boulainvilliers l'a réduit en Français sous le titre de *Réfutation de Spinosa* : nous n'avons que le poison, Boulainvilliers n'eut pas le temps aparemment de donner l'antidote.

Peu de gens ont remarqué que Spinosa dans son funeste livre, parle toujours d'un être infini & suprême ; il annonce Dieu en voulant le détruire. Les arguments dont Bayle l'accable, me paraitraient sans réplique, si en effet Spinosa admettait un Dieu ; car ce Dieu n'étant que l'immensité des choses, ce Dieu étant à la fois la matiére & la pensée, il est absurde, comme Bayle l'a très bien prouvé, de suposer que Dieu soit à la fois agent & patient, cause & sujet, faisant le mal & le souffrant, s'aimant, se haïssant lui-même; se tuant, se mangeant. Un bon ésprit, ajoute

Bayle, aimerait mieux cultiver la terre avec les dents & les ongles, que de cultiver une hipothèse aussi choquante & aussi absurde ; car, selon Spinosa, ceux qui disent, les Allemands ont tué dix mille Turcs, parlent mal & faussement ; ils doivent dire, Dieu modifié en dix mille Allemands a tué Dieu modifié en dix mille Turcs.

Bayle a très grande raison si Spinosa reconnait un Dieu ; mais le fait est qu'il n'en reconnait point du tout, & qu'il ne s'est servi de ce mot sacré que pour ne pas trop effaroucher les hommes.

Entêté de Descartes il abuse de ce mot également célèbre & insensé de Descartes, *donnez moi du mouvement & de la matière, & je vais former un monde.*

Entêté encor de l'idée incompréhensible, & antiphysique, que tout est plein, il s'est imaginé qu'il ne peut exister qu'une seule substance, un seul pouvoir qui raisonne dans les hommes, sent & se souvient dans les animaux, étincelle dans le feu, coule dans les eaux, roule dans les vents, gronde dans le tonnerre, végète sur la terre, est étendu dans tout l'espace.

Selon lui, tout est nécessaire, tout est éternel ; la création est impossible ; point de dessein dans la structure de l'univers, dans la permanence des espèces & dans la succession des individus. Les oreilles ne sont plus faites pour entendre, les yeux pour voir, le cœur pour recevoir &

chasser le sang, l'estomac pour digérer, la cervelle pour penser, les organes de la génération pour donner la vie; & des desseins divins ne sont que les effets d'une nécessité aveugle.

Voilà au juste le sistême de Spinosa. Voilà, je crois, les côtés par lesquels il faut attaquer sa citadelle, citadelle bâtie (si je ne me trompe) sur l'ignorance de la physique, & sur l'abus le plus monstrueux de la métaphysique.

Il semble, & on doit s'en flater, qu'il y ait aujourd'hui peu d'athées. L'auteur de la Henriade a dit, *un catéchiste annonce Dieu aux enfans, & Newton le démontre aux sages. Plus on connait la nature, plus on adore son auteur.* L'athéïsme ne peut faire aucun bien à la morale, & peut lui faire beaucoup de mal. Il est presque aussi dangereux que le fanatisme. Vous êtes, Monseigneur, également éloigné de l'un & de l'autre, & c'est ce qui autorise la liberté que j'ai prise de mettre la vérité sous vos yeux sans aucun déguisement. J'ai répondu à toutes vos questions, depuis ce boufon savant de Rabelais jusqu'au téméraire métaphysicien Spinosa.

J'aurais pu joindre à cette liste une foule de petits livres qui ne sont gueres connus que des bibliothécaires; mais j'ai craint qu'en multipliant le nombre des coupables, je ne parusse diminuer l'iniquité. J'espère que le peu que j'ai dit affermira Vôtre Altesse dans ses sentimens pour nos dogmes & pour nos écritures, quand elle verra

E 6

qu'elles n'ont été combattues que par des Stoïciens entêtés, par des savants enflés de leur science, par des gens du monde qui ne connaissent que leur vaine raison, par des plaisants qui prennent des bons mots pour ces arguments, par des Théologiens enfin qui au lieu de marcher dans les voyes de Dieu se sont égarés dans leurs propres voyes.

Encore une fois, ce qui doit consoler une ame aussi noble que la vôtre, c'est que le Théïsme qui perd aujourd'hui tant d'ames, ne peut jamais nuire ni à la paix des Etats, ni à la douceur de la societé. La controverse a fait couler partout le sang, & le Théïsme l'a étanché. C'est un mauvais rémède, je l'avoue, mais il a guéri les plus cruelles blessures. Il est excellent pour cette vie, s'il est détestable pour l'autre. Il damne surement son homme, mais il le rend paisible.

Vôtre pays a été autrefois en feu pour des arguments, le Théïsme y a porté la concorde. Il est clair que si Poltrot, Jaques Clément, Jaurigni, Baltasar Gérard, Jean Chatel, Damien, le Jesuite Malagrida, &c. &c. &c. avaient été des Théïstes, il y aurait eu moins de Princes assassinés.

A Dieu ne plaise que je veuille préférer le Théïsme à la sainte religion des Ravaillacs, des Damiens, des Malagrida qu'ils ont méconnue & outragée! Je dis seulement qu'il est plus agréable de vivre avec des théïstes qu'avec des Ravaillacs & des Brinvilliers qui vont à confesse : & si Vôtre Altesse n'est pas de mon avis, j'ai tort.

PROJET SECRET
PRÉSENTÉ
A l'Empereur Ottoman
MUSTAPHA III.
Par ALI BEN ABDALLAH
Pacha du Caire.

De *l'Imprimerie nouvellement établi au Caire*.
TRADUIT DU TURC.

SOUVERAIN SEIGNEUR DE L'UNIVERS toûjours victorieux, chéri de tes fidéles Sujets, redouté des infidéles Chrêtiens & revéré de tout l'Orient, rien n'ose s'opposer à ton pouvoir suprême que l'Alcoran, & ceux qui l'appuyent de leur autorité, le Mufti, les Imans & les Dervis. Il est vrai, ta puissance & ta sagesse te soutiennent sur le Trône & te font réüssir heureusement dans la plûpart de tes augustes desseins, mais notre superstitieuse Religion est, & sera toûjours un obstacle au bonheur de ton Empire.

L'Alcoran remplit les nobles & braves Musulmans d'idées ridicules & nuisibles : il fait naître dans leurs esprits une crainte malfondée pour des tourments éternels, & pour de certains Monstres, que ceux qui expliquent ce livre appellent des mauvais Anges. Cette prétenduë Révélation défend aux Nations soumises à ton Empire l'usage du vin & d'autres plaisirs innocens de la vie, & les flatte, pour les dédommager de cette privation, de l'espérance imaginaire du Paradis après leur mort. Plusieurs de tes Sujets se consacrent à la fausse Théologie du Prophéte, pendant qu'ils négligent, au préjudice du bien public, la culture du ris & de la soye, & d'autres travaux utiles. Tout ton vaste Empire passe dans les Mosquées & dans l'oisiveté un quart entier de l'année, que consument les Vendredis destinés au service divin, les fêtes de Mahomet, d'Abubecker, d'Ali, d'Omar, d'Abdallah &c; & sans parler des sommes considérables que coute l'entretien d'un nombre infini de fainéans sacrés, on sacrifie donc aux préceptes de Mahomet, & au caprice de ses Prêtres, le fruit que produiroit le travail de trente millions d'hommes pendant trois mois de l'année. En un mot le bonheur & la richesse des Musulmans ne sauroient parvenir à leur comble, le trésor de l'Empire sera privé d'une source féconde, & la gloire de son Chef arrêtée dans sa course, tandis que l'Alcoran osera prescrire des Loix aux Sujets du premier Monarque du Monde.

Rien ne seroit plus avantageux, SUBLIME EMPEREUR, que d'abolir, s'il étoit possible, & d'anéantir notre superstitieuse Religion : mais enfin, si les circonstances ne permettent point qu'on détruise ce Phantôme à main armée & de force, on peut du moins l'attaquer par des détours & le ruiner petit à petit. Si tu daignes employer ce dernier moyen, il est presque indubitable, que la Superstition succombera sous les efforts du Vainqueur de Géorgie. Un Juif pauvre & ambitieux a établi la Religion Chrêtienne ; un Marchand Arabe artificieux a fondé la nôtre. Pourquoi seroit il plus difficile à un Prince puissant, qui possède le plus haut degré de sagesse, de renverser une fausse croyance en sappant peu à peu ses fondemens. Oui, SEIGNEUR, pour détruire la Religion de Mahomet, cette Rivale de ton autorité, cette ennemie du bonheur de tes Etats, il suffit que ta volonté en dicte l'arrêt, & que ta haute pénétration supplée à ce qui peut manquer aux moyens suivans.

I. Que l'on fasse un recueil des fables contenuës dans notre Alcoran & dans celui des Chrêtiens, afin que par la comparaison des unes avec les autres chacun puisse appercevoir, que notre Religion est à peu près aussi ridicule que la Chrêtienne.

II. Que l'on traduise en notre langue les livres qui paroissent en faveur de la Religion naturelle, de même que les controverses des Juifs, des Catholiques, des Luthériens, des Calvinistes, des Grecs, des Quackres, des Memnonistes & des autres sectes Chrêtiennes entr'elles.

III. Que le Vendredi pendant le culte divin il soit permis de tenir les boutiques ouvertes, de vendre du sorbet dans les cabarets & dans les jardins publics.

IV. Que les fêtes du second ordre, qui sont déja supprimées en Perse, ne se célébrent plus dans l'Empire Ottoman.

V. Que l'on permette & qu'on incite même les Prêtres à porter, lorsqu'ils n'exercent point les fonctions de leur Ministère, des habits séculiers, afin de rendre par là leur commerce & leur manière de penser plus libre.

VI. Qu'on assigne aux Prêtres des villes & de la campagne, au lieu d'une partie de leur entretien en argent comptant, des terres, pour distraire leur attention du soin de conserver leur autorité.

VII. Que ce qui est du ressort des tribunaux civils, comme la publication & la confirmation des mariages, soit ôté d'une bonne manière aux Docteurs de la loi de Mahomet & remis aux Magistrats établis par l'Empereur.

VIII. Que pour boucher à l'avenir une des principales sources de la Superstition, la jeuneffe ne soit plus instruite dans les écoles publiques par des Interprêtes de l'Alcoran, mais par des Philosophes & par des Jurisconsultes.

IX. Lorsque par ces moyens préliminaires on aura ébranlé la foi des Musulmans, que quelques personnes considérables par leur rang ou par leurs richesses soient excitées de la part du Sultan avec l'assurance de sa protection, à se séparer ouvertement & en même temps de notre Religion. Dans ce cas un grand nombre des habitans, soit de la Capitale, soit des Provinces, suivra en foule ces premiers conducteurs, en partie par conviction, en partie par vanité, par interêt ou par d'autres motifs ; & il n'est point à douter que le reste de la Nation ne se lassât enfin de se voir abandonné pour garder seul les anciens usages. L'Histoire des Chrétiens est rempli d'exemples de pareilles séparations ; nous y voyons que depuis deux siécles, des Etats entiers de l'Europe sous la conduite de leurs Princes ont secoué sans obstacle le joug du Mufti de Rome.

De cette manière, INVINCIBLE MONARQUE, tu exécuteras une entreprise, regardée comme impossible, cependant peu difficile eû égard à la puissance & à la sagesse de Mustapha III. Tu seras l'auteur de la ruine d'une Superstition très pernicieuse qui dure déja dépuis plus de mille ans; tous les Musulmans te devront le commencement d'une félicité, que rien ne pourra plus troubler, & ton nom sera l'objet de l'admiration de la Postérité la plus reculée.

F I N.

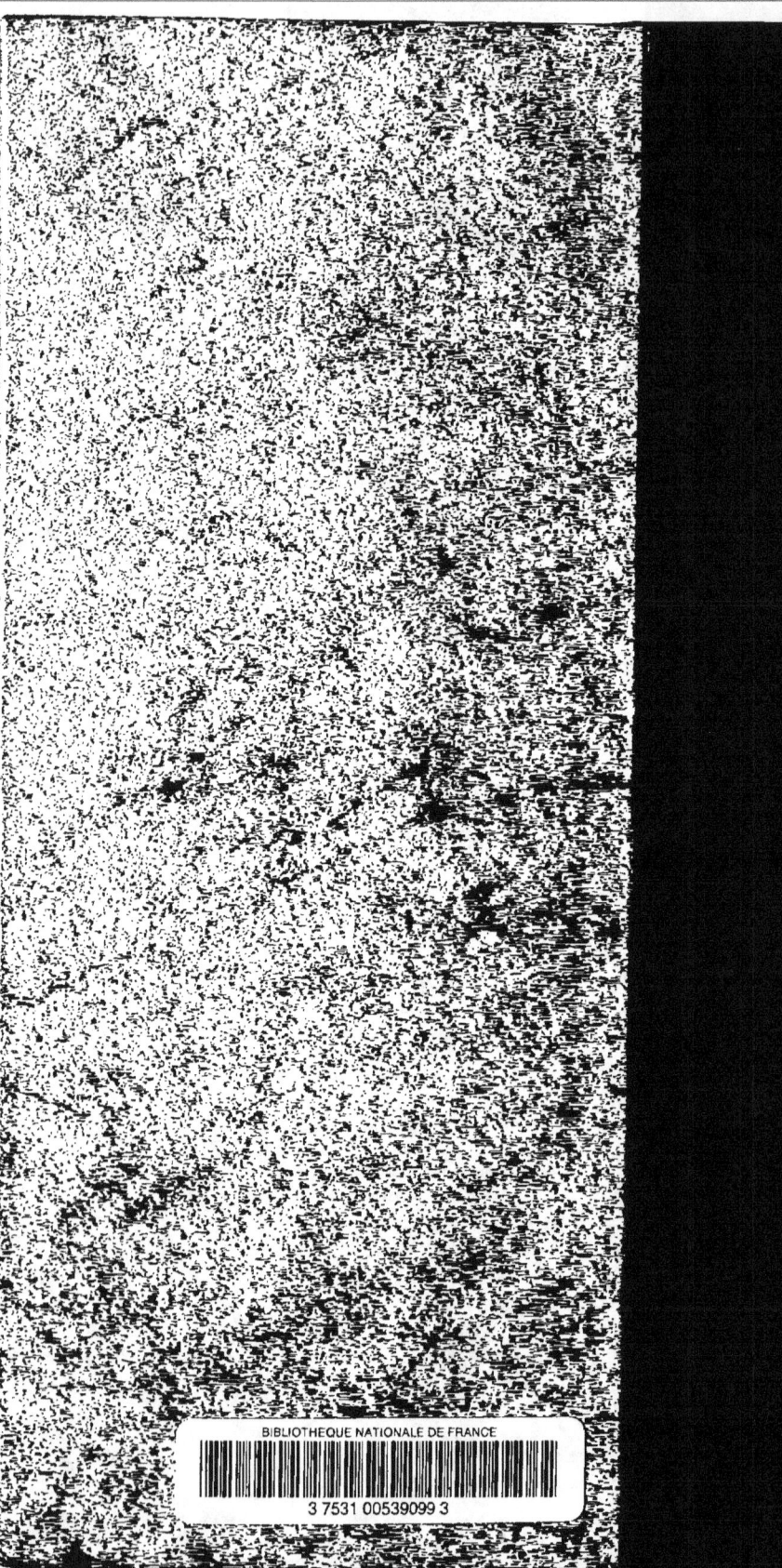

www.ingramcontent.com/pod-product-compliance
Lightning Source LLC
Chambersburg PA
CBHW060151100426
42744CB00007B/988